美術のポリティクス

――「工芸」の成り立ちを焦点として

北澤憲昭・著

ゆまに学芸選書
ULULA
9

ULULA：ウルラ。ラテン語で「ふくろう」。学問の神様を意味する。
『ゆまに学芸選書ULULA』は、学術や芸術といった様々な分野において、
著者の研究成果を広く知らしめることを目的に企画された選書です。

目次

目次

【凡例】

史料の引用にあたっては、漢字を現行のものに、添え仮名を現行の片仮名書きに、それぞれ書き改め、場合によっては添え仮名を省き、必要に応じて濁点と句読点を補い、また振り仮名を施した。引用文中のスラッシュは原文の段落の位置を、引用史料の山括弧は二行割書きであることを示す。

美術のポリティクス——「工芸」の成り立ちを焦点として

すなわち、「この名のもとでつねに考えられ意味されてきたもの」とは、根本的にみたとき、同質で、一義的で、葛藤なきものだろうか——ジャック・デリダ『散種』（藤本一勇訳）より

プロローグ——美術の階層秩序

美術に属する諸ジャンルのあいだには階層的な秩序がみとめられる。たとえば、手元にある『広辞苑（第四版）』で「美術」の項を引いてみると、その内容として「絵画・彫刻・書・建築・工芸美術など」とある。この順序は、けっして恣意的に決められたものではあるまい。「絵画」を筆頭に据え、次位に「彫刻」を置き、「工芸美術」が最も下位にくるという並びは、価値の序列を示していると考えられる。しかも、辞書というものの性格上、ここには一般的な価値観が反映されているとみてよいだろう。最後に置かれている「工芸美術」が、いわゆる工芸を指すことはいうまでもない（1）。

この序列は、美術が視覚にかかわる芸術であることに由来している。ウィーン万国博覧会参加を機に翻訳語として西洋からもたらされた「美術」という語は、初め諸芸術を意味していたのだが、やがて視覚芸術の意味に限定されるようになり、その結果、絵画・彫刻・工芸のなかで最も純粋に視覚的な表現媒体である絵画が、それを代表することになったのである。

その詳しい事理については、第Ⅰ章で述べることにするが(2)、アヴァンギャルド系現代美術の台頭によって「美術」概念の曖昧化が加速度的に進行する現在の状況にあって、こうした序列は、かなり怪しいものになり始めている。社会一般に流通している定義や価値観は、おそらく辞書と合致するだろうが、しかし、それと美術の現場における価値観とのあいだにギャップが生じているのだ。これは、美術の「近代」と「現代」のギャップにほかならない。こうした事態が最初に起こったのは一九二〇年代、年号でいえば大正時代のことであった。その契機となったのは、いわゆる大正アヴァンギャルドの登場なのだが、この時代に、「美術」概念にゆさぶりをかけたのはアヴァンギャルドばかりではなかった。柳宗悦にひきいられる民芸運動もまた、「美術」概念に疑義をつきつけたのだ。私見によれば、民芸は「工芸」と「デザイン」のあいだを揺れ動く存在だが、いまこれを広義の「工芸」として捉えるならば、大正期にはアヴァンギャルドと工芸が共通のたたかいを戦っていたということができるのである。なぜ、このような事態が出来したのか。第Ⅲ章でみるように、アヴァンギャルドと工芸は、美術のボーダーに位置するという点で、見かけを越えた共通性をもつのだ。

現在、アヴァンギャルドは、美術のセントラルな領域を占拠し、絵画や彫刻という近代の代表的ジャンルをはるかに凌駕する勢いを有している。こうした状況にあって、「絵画」を頂点とする「美術」概念の成り立ちを検討することは、現在を見極め、今後の方向を探究するために欠くことのできない基本的作業である。そして、そのさい「工芸」というジャンルの成り立ちをめぐる考察から得るところは、きわめて大きい。第Ⅱ章で詳述するように、底辺は、つねに頂点と相照らす関係にあるからだ。頂点と底辺の関係をあきらかにするということはまた、絵画中心の体制を成り立たせるジャンル間の政治的関係をあきらかにすることにほかならない。題して「美術の政治－政治学（ポリティクス）」としたゆえんである。

第Ⅰ章　「美術」の形成と諸ジャンルの成り立ち

翻訳語「美術」の概念形成

江戸時代には「美術」という語は存在しなかった。現在の絵画や彫刻に類する造型は存在したものの、それらが「美術」の名のもとに概念化されることがなかったのだ。「美術」という語が登場すると、それはあたかも海嘯のように歴史の川をさかのぼり、みずからになじむ造型物を次々と呑み込んでいったのである。

「美術」という日本語が登場するのは、一八七三年（明治六）のウィーン万国博覧会にさいしてである。一八七二年（明治五）一月の太政官布告に添付された「澳国維納博覧会出品心得」の第二条にある出品分類表の「第二十二区」に「美術」の語が登場するのが、その初出である。そこには、「美術〈西洋ニテ音楽、画学、像ヲ作ル術、詩学等ヲ美術ト云フ〉ノ博覧場ヲ工作ノ為ニ用フル事」と、しるされている（1）。ただし、そのとき「美術」は今日のように視覚芸術の意味ではなく、いわゆる「芸術」を意味していた。このことは、「美術」の語の直後に付された註においてあきらかである。そこには文学や音楽も含まれているのだ。

しかも、現在の意味との隔たりは、これにとどまらない。註において絵画と彫刻は、文学や音楽と同列に位置づけられており、絵画と彫刻を一括する概念——今日の「美術」にあたる概念——は見出されない。絵画と彫刻は——近接する関係に置かれているとはいいながら——あたかも音楽と文学のように別々のジャンルとして扱われているのである。

これ以後、「美術」という言葉は、現在のような意味へ――つまりは視覚芸術を示す言葉へと意味を絞り込まれてゆくことになるのだが、その動因として次の三つのことが指摘できる。

第一に、近代化の推進において視覚が重要なはたらきをするという認識が、明治の早い時期に成り立っていたことが挙げられる。このことは、博覧会・博物館行政のリーダーだった大久保利通が、近代化における博物館の必要を説いた文書のなかで「眼視ノ力」に言及していることにあきらかである。大久保は、「夫人心ノ事物ニ触レ其感動識別ヲ生ズルハ悉ク眼視ノ力ニ由ル」(2)と述べているのだ。こうした認識が、視覚にまつわるジャンルを――ウィーン万国博の分類に即していえば「画学」と「像ヲ作ル術」を――ひとまとめにして、やがて「美術」(＝芸術)の中心に位置づけてゆくことになるのである。

第二に、当時の日本国が、産業革命へ向けての準備期間にあったことが挙げられる。産業革命が、やがてもたらすことになる工業社会は、産業資本主義の価値観によって規定される社会であり、産業資本主義は、実用的機能をもつ事物の生産を基軸とする価値観を有する。こうした産業社会の在り方が、諸芸術のうち事物のかたちで作品を生み出す絵画や彫刻の重視へと――つまり、造型芸術の重視へと――「美術」を方向づけることになったのである。これが「画学」と「像ヲ作ル術」がひとまとめにされる契機ともなったであろうことはいうまでもない。

第三の事由は、江戸時代までの日本社会に根ざす手工品が、その鑑賞的価値において西洋人の注目を集めていたことである。いわゆるジャポネズリの流行だが、当時の日本人が、これを実感したのはウィーン万国博への参加においてであった〔図1〕。

美術が視覚芸術に絞り込まれるにさいして、西洋における分類が参照されたのはいうまでもない。ただし、西洋の正統的な分類体系をそのまま日本に持ち込むことはなかった。ウィーン万国博分類表の「美術」につけられた註は、「音楽」を筆頭に置く点で西洋の最も古い芸術の体系を踏まえているが、この古典的分類は、日本社会に定着するいとまもなく覆されることになるのだ。上記のような理由で視覚芸術としての「美術」が全芸術を代表することになるのである。しかも、日本の近代化にまつわるのと同様の事態は西洋近代についても当然ながら指摘できる。第一と第二の事由は、いうまでもなく西洋にも妥当するところなのである。以上を踏まえつつ、もうすこし踏み込んだ考察を、しばらく展開してみることにしよう。

ウィーン万国博において、鑑賞性をもつ手工品は Kunstgewerbe（＝産業芸術）、明治風に訳すならば「工業上美術」に割り付けられていた(3)。つまり、ジャポネズリは、日本製の Kunstgewerbe に焦点化されていたのであり、当時の日本の為政者たちは、その流行を、近代国家の要件のひとつである固有文化の存立を西洋に対してアピールする格好のチャンスと考えたのであった。ウィーン万国博分類表に登場する「美術」の註は、ドイツ語原本に照らすと Kunstgewerbe の Kunst の部分に当てられたものであることがわかるのだが、ジャポネズリは、まさにGewerbe（工業）にかかわるKunst（芸術）こそ日本における美術の中心であるとする観念を為政者たちに植えつけたのである。すなわち現在の言葉でいえば「工芸」が美術の中心に据えられることになったわけだ。

工芸を美術の中心とする見方には経済的な動機も絡んでいた。不平等条約下において入超が続く貿易収支を是正するうえで、江戸時代以来の鑑賞的な手工品が有力な輸出商品とみなされたのである。日本美術の工芸性という観念は、いまもなお支配的だが、それは、以上のような事由から明治期に形成されたものなのである。しかも、のちにみるように、そもそも「工芸」という概念が形成されるのは明治以後なのだ。

図１　「澳国博覧会場本館表門之図」『澳国博覧会賛同紀要』（1897年）

「絵画」の中心化

「眼視ノ力」の重視は、「美術」を視覚芸術の意味に絞り込むと同時に、工芸が底辺に追いやられる動因ともなった。

美術が視覚にかかわる芸術と規定されるとき、絵画が美術の階層秩序の頂点に位置づけられることになるのは当然のなりゆきである。映像テクノロジーの未発達な当時の美術ジャンルにおいて、絵画は、視覚的な純度からみてその代表と目されて然るべき存在であり、そのような絵画中心の体制は、美術大学や展覧会の構成をみればあきらかなように現在もなお存続している。そして、絵画を階層の頂点に押し上げたのと同じ動因によって、工芸は美術の底辺に追いやられることになった。生活や産業にかかわりをもつ工芸は、視覚芸術というにはあまりに複合的であり、しかも、それは、鑑賞性と機能性において触覚と本質的なかかわりを——たとえば茶碗の土見せの感触にあきらかなように——もつからだ。触覚は、視覚が距離を前提とするのと反対に、距離を喪失することによって初めて成り立つ感覚であり、それは、視覚を相対化するはたらきをもつのである。むろん絵画や彫刻も触覚と無縁ではない。しかし、それらにおける触覚性は、あくまでも視覚の次元で与えられるのであり、その点で、実際に触れられることを身上とする工芸の場合とは決定的に異なっている。

こうして工芸は、絵画の対蹠に位置づけられることになるのだが、ただし、これを工芸の没落と捉えるとすれば、それは早計というものだろう。じつは、「美術」概念の形成過程は、「工芸」概念の形成過程でもあったからだ。あらかじめ「工芸」なる枠組みがあって、それが貶められたのではなく、「美術」なるものの純粋な在り方が——「絵画」至上主義のかたちをとって——追究されてゆく過程で、いわばそのネガティヴとして「工芸」という枠組みが生み出されていったというのが実情なのである。さきに明治初期の美術の中心に「工芸」があったと述べたのは、だから、あくまでも便宜上のものいいにすぎず、その時代には「工芸」というジャンルは、いまだ存立していなかったのだ。「工芸」という古い漢語が日本語の語彙に定着をみるのは明治になってからであり、しかも、当初は、いわゆる「工業」の意味で使われていたのであった。「工業」という語は、江戸時代以前から製造業の意味で用いられていたものの、この語は、江戸時代までの手工業の面影を宿すため、近代の工場制機械工業を意味するindustryの訳語としては不適切であった。そこで、この語とは似て非なる「工芸」が選ばれたのである。

さて、以上のような観点から「工芸」概念の成り立ちを探るためには、「美術」というジャンルの形成を「工業」との関係で捉えると同時に、「美術」の下位ジャンルの形成過程の細部に踏み込んで考察を行う必要がある。そして、そのためには、文明のなかの美術の位置を示すと同時に、美術関係語彙を俯瞰的にみてとることのできる博覧会の分類表を手がかりとするのが至便である。

「工芸」の不在と遍在

明治時代における博覧会は見ることによる「文明開化」の企てであり、眼の教育装置とでもいうべき催しであった。そのことは、一八七七年（明治一〇）に内務省が開催した内国勧業博覧会のパビリオンの配置に、はっきりと示されている。第一回内国勧業博の会場を描いた俯瞰図を見ると、砦のような形をしたパビリオンの配置のちょうど要のところに「美術館」が建てられており、しかも、そこには、視覚芸術に類するもののみが展示されたのだ〔図2〕。このことは、美術部門の出品分類の冒頭に「但シ此区ハ、書画、写真、彫刻、其他総テ製品ノ精巧ニシテ其微妙ナル所ヲ示ス者トス」とされていることに明瞭に示されている(4)。「見ること」にかかわる大規模な国家の催しにおいて、「美術」の語義が視覚芸術に絞り込まれたわけであり、このことは、「美術」の意味を決定する重要なきっかけとなったのにちがいない。

とはいえ、ジャンルごとにその内容をみてゆくと、現在とは相当に異なったようすがみてとられる〔表1参照〕。「美術」部門は、「彫像術」を筆頭に、「書画」、「彫刻術及ビ石版術」、「写真術」、「百工及ビ建築学ノ図案、雛形、及ビ装飾」、そうして「陶磁器及ビ玻璃ノ装飾○雑嵌細工(=モザイク—引用者註)及ビ象限細工」という六つの細目に分けられているのだが、現在の分類名との多少のちがいは措くとして、出品目録について、その内容を調べると、分類から想像されるところと実際の出品のあいだに、かなりの懸隔のあったことが知られるのである。

たとえば、ここで「彫刻」と称されているのは、現在のいわゆる彫刻ではなく、版画のことであり、現在の彫刻に相当するのは「彫像術」である。このことは、英文の出品目録において、「彫像術」にあたるのがSCULPTUREであり、「彫刻術及ビ石版術」に対応するのがENGRAVING AND LITHOGRAPHYであることからあきらかである(5)。

しかし、それでは、「彫像術」が現在の彫刻と正確に対応するかというと必ずしもそうではない。そこには、現在のいわゆる工芸品が含まれているのだ。同じことは「書画」についてもいえる。「書画」という分類名は、文字面からもおおよその内容はつかめるものの、文字どおりに理解するとまちがえる。そこに収められているのは絵画と書ばかりではないのだ。そこには花瓶や簞笥などが出品されているのである。つまり、絵が描かれていれば「書画」に、浮彫などの彫刻が施されていれば「彫像術」になんでも分類されてしまったわけだ(6)。

内国勧業博の「美術」部門が、かくも混沌たる状況にあった事由としては、第一に「美術」の背後に控えるfine artsという概念がほとんど理解されていなかったこと、それから、このことと関連して、第二に「工芸」という枠組みが不在であったことが考えられる。「工芸」という枠組みがないからこそ、花瓶や簞笥などのいわゆる工芸品が、「美術」の諸ジャンルにまたがって――さらには「美術」の敷居さえも越えて――横断的に、あるいは遍在的に見出されるのであり、かかる事態は、一八八一年(明治一四)に開催された第二回の内国勧業博においてもなんら変わりはなかった。第一回内国博の分類には「陶磁器及ビ玻璃ノ装飾」という項目名がみえるものの、「陶磁器」は、「書画」のなかにも含まれていた。また、第二回内国博の「美術」部門には第四類の其一として「工芸上製品ノ図案、並ニ雛型」という分類枠がみられるけれど、ここにいう「工芸」は工業の意味に解すべきであり、仮に「工芸」を現在の意味に解するとしても、この分類は「図案」や「雛形」を配置する枠でこそあれ、「工

表1　内国勧業博覧会分類の変遷

＊下段は「美術」部門の下位分類である。（　）内は筆者による註。

第一回（一八七七年〈明治一〇〉） 第一区「鉱業及ビ治（ママ）金術」、第二区「製造物」（＝工業製品、科学技術、教育機器などテクノロジーにかかわる製品）、第三区「美術」、第四区「機械」、第五区「農業」、第六区「園芸」	第一類「彫像術」、第二類「書画」、第三類「彫刻術（＝エングレーヴィング）及ビ石版術」（＝版画）、第四類「写真術」、第五類「百工及ビ建築学ノ図案、雛形、及ビ装飾」、第六類「陶磁器及ビ玻璃ノ装飾〇雑嵌細工（＝モザイク）及ビ象眼細工」
第二回（一八八一年〈明治一四〉） 第一区「鉱業及ビ治（ママ）金術」、第二区「製造品」（＝工業製品、科学技術、教育機器などテクノロジーにかかわる製品）、第三区「美術」、第四区「機械」、第五区「農業」、第六区「園芸」	第一類「彫鏤」、第二類「刊刻」、第三類「書画」、第四類「石工ノ図案」

第三回（一八九〇年〈明治二三〉）
第一部「工業」、第二部「美術」、第三部「農業山林及園芸」、第四部「水産」、第五部「教育及学芸」、第六部「鉱業及冶金術」、第七部「機械」

第四回（一八九五年〈明治二八〉）
第一部「工芸」（＝工業）、第二部「美術及美術工芸」、第三部「農業、森林及園芸」、第四部「水産」、第五部「教育及学術」、第六部「鉱業冶金術」、第七部「機械」

第五回（一九〇三年〈明治三六〉）
第一部「農業及園芸」、第二部「林業」、第三部「水産」、第四部「採鉱及冶金」、第五部「化学工業」、第六部「染織工業」、第七部「製作工業」、第八部「機械」、第九部「教育、学術、衛生及経済」、第一〇部「美術及美術工芸」

第一類「絵画」、第二類「彫刻」、第三類「造家（＝建築）、造園ノ図按及雛形」、第四類「美術工業」（＝工芸）、第五類「版、写真及書」

第十八類「絵画」、第十九類「彫刻」、第二十類「造家、造園ノ図案及雛形」、第二十一類「美術工芸」、第二十二類「版、写真及書」

第五十六類「絵画」、第五十七類「彫塑」、第五十八類「美術工芸」、第五十九類「美術建築ノ図案及模型」

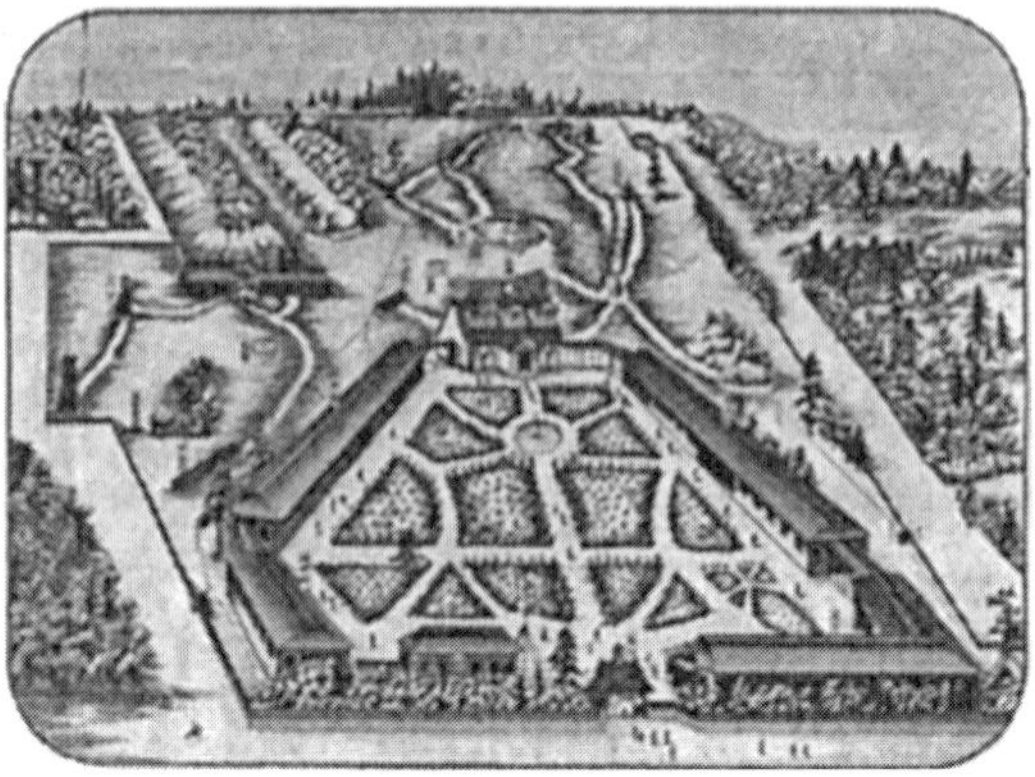

上：図2-1　「大日本帝国東京内国勧業博覧会場全図」1877年

下：図2-2　橋本周延《内国勧業博覧会開場御式の図》1877年

上：図2-3　美術館外観（松崎晋二『明治十年内国勧業博覧会列品写真帖』 1877年）
下：図2-4　美術館内部（松崎晋二『明治十年内国勧業博覧会列品写真帖』 1877年）

芸上製品」のための枠ではなかったのだ(7)。

では、なにゆえに現在の意味での「工芸」という枠組みが成立しなかったのか。そこには、おそらく、造型にまつわる江戸時代までの範疇と、明治初期の官の「美術」観が大きく影を落としていた。

先にもふれたように、「美術」という語が誕生するきっかけとなった一八七三年(明治六)のウィーン万国博覧会で、蒔絵、磁器、銅器、漆器など伝統的な日本の手工品が——ジャポネズリを当て込む出島貿易以来の動きのなかで——大きな売れ行きを示した。輸入に傾く貿易不均衡に頭を痛めていた当時の為政者たちは、これに注目し、起立工商会社の設立にみられるごとく、早速、手工品を西洋向けの有力輸出品に仕立てるべく梃入れを行い、意匠の改良をもくろみ始める。そのさい、手工品が、Kunstgewerbe に割り付けられていたことが、その後の「美術」観を大きく決定づけた。「美術」奨励の大目的は、現在のいわゆる工芸の改良にあり、また、「美術」の機軸を成すのは、いわゆる工芸であるとする「美術」観を、官僚を初めとする支配者たちのあいだに定着させることになったのである。彼らにとって「美術」とは、すべからく工芸へと収斂するべき造型であり、それゆえ内国勧業博においても彼らは「工芸」という特別な枠を設ける必要を感じなかったのだ。

こうした官の「美術」観の背後には、江戸時代までに形成された造型観も控えていた。「美術」に相当するジャンルが独自に領域化されなかったという、まさにそのことが示しているように、造型にまつわる江戸時代までの範疇は、鑑賞性と実用性によって分かたれることがなく、したがって衝立、屏風、それから陶磁器など、いわゆる工芸品が重要な絵画の場所となっていたのである。鑑賞性に重点を置く掛軸についても同じことがいえる。それは、ほんらい画面を鑑賞するための装置にとどまるものではなく、表装までも含めて、床飾りとして室内の装飾に供されるものであったのだ。置物も彫刻に似て非なるもの、すなわち掛軸と同じく床飾りの一部を成すものであった。「美術」というジャンルの形成とは、これらの調度類から画面や彫像が――あたかも幽体離脱のように――鑑賞性に向けて独立してゆく過程だったのである。現在のいわゆる工芸は、「美術」の一ジャンルであるどころか、かつて柳完悦も指摘したように、「美術」という新しい翻訳概念が宿るべき本体であったのだ(8)。

ただし、「工芸」という漢語は、先にもふれたように江戸時代には日本語の語彙に組み込まれてはいなかったので、その当時は、絵画も彫刻も、「工芸」の類義語である「工業」に割り付けられていた。「工業」とは、ようするに「たくみのなりわい」のことであり、絵師も仏師も「たくみ」であったのだから、当然といえば当然のことであるし、また、当時の工業はいずれも手仕事を中心とするものであったから、その点において絵画、彫刻となだらかにつながり合うことができたのである。げんに、先にも指摘したように明治に入って「美術」という分類が登場してからも、「工業」との境は、しばらくのあいだ曖昧でありつづけたのであった。第一回内国勧業博では、鑑賞性に力点を置く造型は「美術」に、実用性に重きを置く造型は「製造物」(＝工業)にと、おおよその分類はできていたものの、その境は不明瞭であり、したがって、鑑賞性本位の「美術」と実用性本位の「工業」の中間領域である「工芸」というジャンルが成り立ついわれはありえなかったのである。

「工芸」ジャンルの成り立ちと「絵画」の純化

以上を踏まえていうならば、「美術」という日本語の初出がKunstgewerbeの訳語であるのは――偶然とはいいながら――江戸時代までの造型の在り方に適合していたといえるわけだが、「美術」は自律性と純粋性を求めて、「工業」という本体から分離する動きを――換言すれば自律的体系化の動きを――明確化し始める。それは、とりもなおさず工芸が特定のジャンルとして形成されてゆく過程であり、また、絵画が美術を代表するジャンルとなってゆく過程でもあった。

内国勧業博の歴史のうえで、そのような動きがはっきり示されるのは、一八九〇年（明治二三）の第三回博においてである。「絵画」、「彫刻」、「造家、造園ノ図按及雛形」、「版、写真及書」に加えて「美術工業」という細目が、ここで初めて設けられたのだ(9)〔表1、表2参照〕。ここに登場した「美術工業」とは、美術と工業にまたがる製作物ということであり、規則では、絵画、彫刻、建築、造園に属するもの以外で「殊に美術の精妙なる巧技を実用品に応用せるもの」と規定されていた(10)。これが、Kunstgewerbeにあたることはいうまでもない。現在のいわゆる工芸が、こうして美術の下位ジャンルとして枠づけられることになったのである。

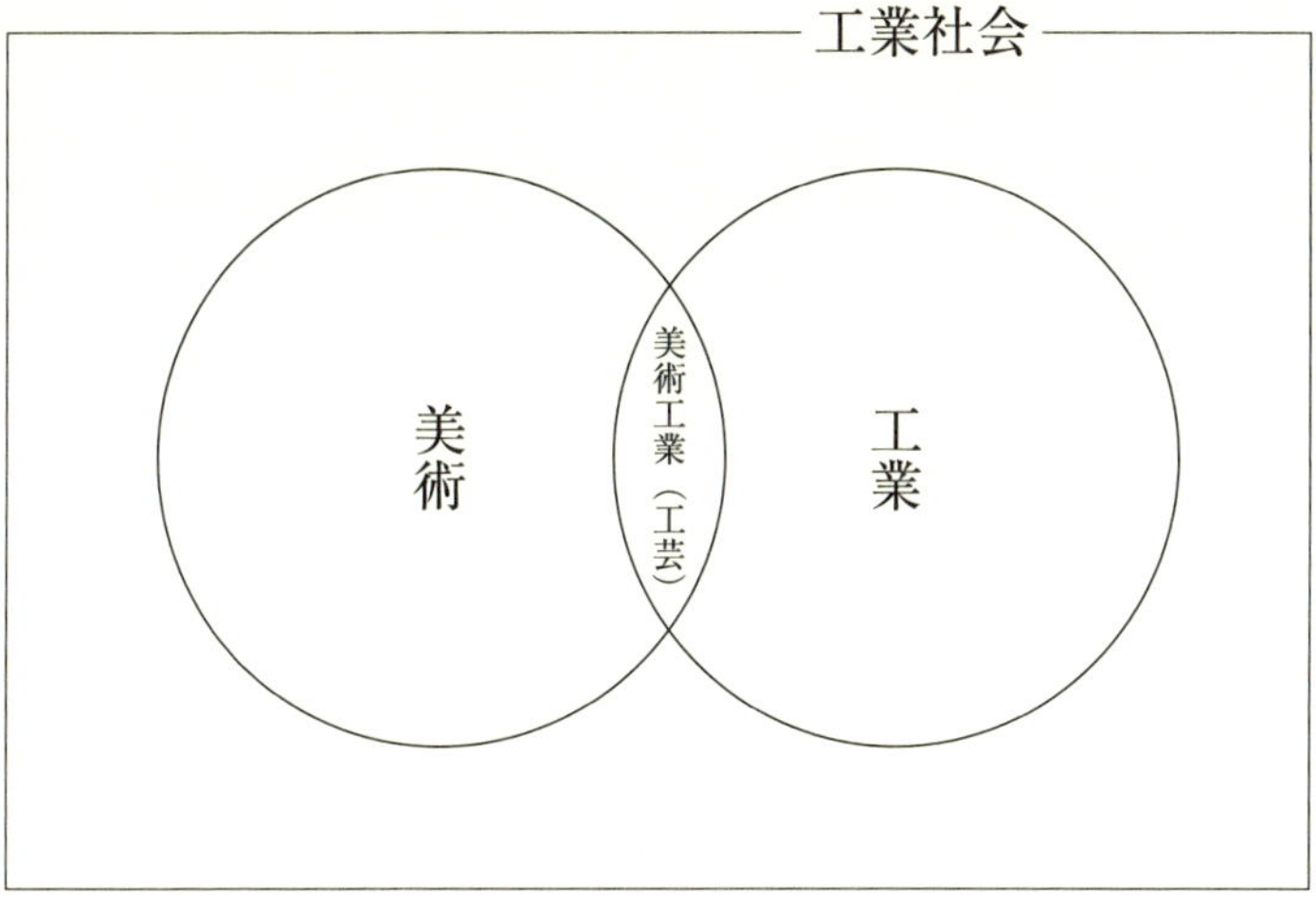

表２　「美術工業」（＝工芸）の成り立ち

ただし、ここで博覧会史から視野を外すならば、明治一〇年代の後半からすでに「応用美術」や「工業上美術」が問題にされ始めたようすがうかがわれる。また、この頃から「美術工芸」や「美術工業」という語も、そろそろ用いられ始めていた。たとえば、一八八四年（明治一七）発行の『大日本美術新報』第一二号の「問答」欄に、「貴社新報を閲するに論説中単に美術と称し或は真正美術或は応用美術と云ふあり。是の如く名称を異にするは自から其区別あるゆへなるべし。請ふ博雅の君子その区別を委しく教示せられよ」(11)という読者からの問いが掲載されているのは、当時の美術語彙の状況を端的に物語っているだろう。残念ながら、「問答」欄には、それに対する直接の回答は見出されないものの、翌八五年の第二〇号に河瀬秀治の講演記録「応用美術の大意」が掲載されており、そこで河瀬が「美術の本体は絵画彫刻の二品に源基し広く其美観の旨趣を実用品に施す者之を応用美術となす」(12)と懇切な説明をおこなっているのは、先ほどの質問が時宜に適うものであったことを示している。第三回内国博の「美術工業」という枠組みが、こうした状況を承けたものであるのはいうまでもない。

第三回内国勧業博の分類にかんして注目すべきことが、もう一つある。それまでの「書画」という分類が、「絵画」と「書」に分解され、さらに美術の諸ジャンルにおいて最も純粋に視覚的な絵画を筆頭に置く序列が姿をあらわしていることだ。そればかりか、規則によって絵画は額面、屏風、衝立などパネル状のもののみが受け付けられ、掛軸は仮に額面に仕立てるか枠に張って縁を飾ることが義務づけられたのであった(13)。掛軸が床飾りとして、いわばタピスリーのような工芸性をもっていたことを考えれば、このような規制は、絵画の近代的在り方に鑑みて当然のことというべきだろう。「美術工業」という複合概念が分類上に設定されることによって、絵画の領野に蟠踞(ばんきょ)していた機能形態をもつ製造物——すなわち花瓶や箪笥などが排除されることになり、また、パネル状の製作物のみが絵画として受け付けられることとなって、絵画は基本形態のうえで器物と切り離され、鑑賞造型としての自律性へと方向づけられることになった。この動きは、工芸ジャンルを「美術工業」として成り立たせる動因でもあったのだが、「美術工業」ジャンルは、あくまでも絵画の自律の副産物にすぎなかったというべきだろう。「工業」から分離しようとする「美術」の志向が、視覚芸術としての絵画の自律志向を促した結果、「工業」との中間領域を「美術工業」として、結果的に浮かび上がらせることになったのだ。「美術」に遍在していた工芸的造型は、こうして「美術工業」という〝居留地〟へと囲い込まれることになるのである。

第三回内国博と一八八九年パリ万国博

繰り返すが、絵画と工芸にかんする分類上の変化は、別々に起こったことではない。両者は緊密に連動している。彫刻の地位下落も然り。それもまた絵画の地位向上と表裏の関係にあった。裏と表をもつゆえに想像表象や記憶表象にかかわる彫刻は視覚性において絵画に劣るからだ。こうした地位変動の状況下において「工芸」というジャンルが登場してくるのである。当然ながら、この変化は、美術観の大きな変化を示しているわけだが、それは当時の国策ともかかわっていた。

まず、第一回通常議会の年に照準を合わせて――開催年を遅らせて――開催された第三回内国博が、特別な政治的意味を帯びていたことが指摘できる。内国博は、憲法発布、議会の招集と相俟って、世界に向けて近代国家日本をアピールする格好のチャンスだったはずだからである。このことは、中江兆民の「政治的の建設物たる国会と、経済的の建設物たる博覧会と同一年に開設さるゝとは、アジア洲中、千古の偉観と謂ふ可し」という言葉に端的に読み取ることができる(14)。

しかも、この年は紀元二五五〇年にあたってもいたから、農商務卿西郷従道は、アメリカ独立一〇〇年祭に倣って第三回内国博を紀元祭を兼ねるアジア博覧会として構想したのだが、これは松方デフレ政策において受け容れうるところではなく、けっきょく内国博（国内の博覧会）として開催されることとなった。啓蒙的意図から欧米からの出品は重視したものの、欧米から出品を募る万博方式ではなく、一八八九年（明治二二）開催のパリ万国博において政府が購入した物品を展示することとなったのである。

ところで、このパリ万国博は、フランス革命一〇〇年を記念する催しを兼ねたもので、紀元二五五〇年を記念する第三回内国博と相通ずるところがあり、第三回博は、このパリ万国博の影響を受けるところがあった。美術にかんしても然り。同パリ万国博の美術部門の出品分類は、『仏国巴里万国大博覧会報告書』の「部類別」によると次に掲げる表のようになっており(15)、第三回内国博美術部門における価値観の転換との関連を思わせずにはいないのだ。パリ万国博の参加要請があったのが一八八七年（明治二〇）五月二三日(16)、第三回内国博の出品分類が公布されたのが翌年の八月二八日付の『官報』であったことも(17)、前後関係において両者の関連を傍証している。分類は以下の如し。第一類の「油画」はフランス語の分類表ではPeinture、第二類の「諸種ノ図画」はDessinである(18)。

第一類　油画
　麻布、片板、及ヒ塗物類ノ画
第二類　諸種ノ図画
　水色細画、水色画、各種鉛筆ノ図画、玻璃ノ画、板画及壁画
第三類　彫像及ヒ票牌ノ彫刻
　陽刻及ヒ陰起ノ彫物、圧印シ及彫刻シタルモノ「カメー」〈宝石ノ彫刻〉彫刻シタル石、象嵌細工
第四類　建築学ノ図按、及ヒ雛形
　著作、篇什、家屋ノ図案、古跡或ハ旧記ニ拠テ古代建築ノ全形ヲ示シタルモノ
第五類　印版術及石版術
　黒色ノ印版、彩色ノ印版、鉛筆及ヒ毛筆ノ黒色石版、点色石版

おそらく、第三回内国博における「書画」の分断と、絵画と彫刻の順位入れ替えは、この分類を踏まえた動きであり、「美術工業」すなわち工芸を絵画、彫刻から排除する発想も、このパリ万国博にかかわるものであった可能性が高い。というのも、同万国博規則をみると「図画」について、「但装飾ヲ目的トスルモノハ除ク」（第二二条）と註釈が付されており、また、いわゆる工芸品は「第一

部　美術」ではなく、「第三部　家具及付属品」と「第四部　織物衣服及付属品」に分類されているのである。このことは、日本の美術行政に対して反省を迫らずにはいなかった。第三回内国勧業博覧会が終了して間もない一八九〇年（明治二三）九月の日付をもつ『仏国巴里万国大博覧会報告書』には、次のような文言が見出されるのだ。長くなるが、重要な文言なので引用しておくことにしたい。

> 美術ノ語ハ何頃ヨリ日本ニ行ハレタルカ詳ナラザレドモ其起原ヲ温ヌレバ反訳語ナルベシ。（中略）欧米ニ称スル所ノ美術ニ入ルモノハ果シテ何品ナルカト云フニ油画、彩、墨、其他各種ノ画類、立像半体像ノ彫刻模型及建築物ノ図位ニシテ、重ナルモノハ前記二種ノ内ニ入ルモノニ限レリ。故ニ欧米人ニ象牙ノ根付、錦彩ノ磁器若クハ模様同様ナル支那日本風ノ画軸ヲ以テ美術品ナリト云フモ、敢テ之ヲ相手ニスルモノナキハ今日欧米普通ノ慣習ナリ（或ハ欧米人中尚之ヲ美術品ナリト称フルノ輩ナキニアラザレドモ、単ニ其人ノ一家言ニ止マリテ決シテ広ク其説ヲ信用セシムルモノナルコトヲ得ザルナリ）。以上ハ欧米ノ称スル所ノマヽヲ述ベタルモノナレドモ、将来博覧会へ出品セント欲スル者ハ、宜シク我日本国ニテ称スル美術品ハ欧米諸洲ニテ称フル美術品トハ全ク異ナルモノナルコトト心得ヘザルベカラズ(19)。

つづけて報告書は、いわゆる工芸の枠にかんして説明をおこなっている。

此故ニ或ハ近年日本ニ於テ称スル美術品ハ欧米ニ於テ何ト称フルヤト問フモノアラン。今仏国ニ於テ見聞セシ所ニヨリ日本ノ所謂美術品ニ附スル名称ヲ挙ゲテ参考トナスベシ。仏国ニ於テハ Objet d'Art, Objet Artistique, Oeuvre d'Art 等ノ語ヲ用フ。即チ「ヲブジヱダール」ハ陶器ナリ漆器ナリ繍取物ナリ七宝器ナリ技術精工ノ物品ヲ云フ。又「ヲブジヱアルチスチツク」モ稍(やや)同意味ノ語ニシテ「ウーヴルダール」モ同様ナリ。日本ノ所謂美術品ハ皆ナ此語ヲ以テ称セラル(20)。

以上の指摘を、報告者は、「訳語ノ美術ト日本ノ所謂美術トハ差異アルモノト知ルベシ」という興味深い言葉で結んでいるが(21)、一八八九年パリ万国博を契機とするこうした反省が、パリ万国博への参加要請を受けて一年以上のちに公布された第三回内国博の分類に投影されなかったとは考えにくい。それにもかかわらず、工芸（＝美術工業）を美術ジャンルの内部に位置づけたのは、工芸を以て日本の美術の中核とみなすウィーン万国博以来の発想が残存していたからではないかと思われるが、一八九五年（明治二八）の第四回内国勧業博においては、ついに工芸は「美術」と切り離されることになる。第三回博までは「美術」となっていた部門名が「美術及美術工芸」と改められることになるのだ(22)。つまり、「及」の一文字で、「美術」と「美術工芸」を別の存在として切り分ける構えである。「美術工芸」となっているのは、前回の内国博で部門名とされた「工業」が、このたびは「工芸」と改称されたためであり、「美術工業」とまったく同義であるので、この点は慮外において問題はない(23)。現在ではたんに「工芸」と称されるこの「美術工芸」＝「美術工業」というジャンルは、博覧会史のうえに姿を現すやいなや、こうして「美術」から弁別＝排除されるところとなった。これもまた一八九〇年パリ万国博の影響である可能性が高い。そして、かかる動きの延長上で、工芸品は、ついに工業に編入されることになる。一九〇〇年(明治三三)のパリ万国博に参加するにさいして「美術工芸」は「優等工芸品」と呼び変えられ、工業の一分野とみなされることになるのだ。

一九〇〇年パリ万国博への参加を取り仕切る事務官長は、初め金子堅太郎だったが、一八九八年(明治三一)四月に第三次伊藤内閣の農商務相となった金子は、規定に従って事務局総裁に就任し、彼に代わって林忠正が事務官長となった。パリに店を構える美術商であった林忠正は、早くから伊藤博文ともつきあいがあり、事務官長となる前年には、当時、在仏公使だった曾禰荒助に博覧会参加にかんする意見書を提出していた。林の登用は、そうしたことが機縁となったのであろう。

林忠正は、事務官長に就任すると、さっそく出品規則を改定し、みずからの意見を実行に移した。改定の焦点は美術品をいかに規定するかという点にあった。美術的な装飾をほどこした手工業製品は、明治二〇年代初頭から「美術工芸」もしくは「美術工業」と呼びならわされていたわけだが、それを林は「優等工芸品」と呼び改めて「美術」部門から外し、同時に、「美術作品」を、「純正ナル美学ノ原則」にもとづいて「作者ノ創意製出シタルモノ」と規定したのである(24)。この措置は、パリで曾欄に提出した意見書の次のような発想を踏まえたものであった。

従来我美術出品には、美術品の数夥多なるを以て、其状恰かも工芸品を以て美術を代用せるが如き観あり、之が為め美術は工芸の優等なるものと誤認するものなきに非ず(25)。

林は、別のところで「西洋にて美術品と称するは絵画、彫刻、建築之なり。如何に巧妙なる意匠を凝したるものと雖(いえども)、工芸的に属するものは皆工芸品として取扱はる。彼のゴブラン織、セーブルの陶器の工芸品に属する、美術工芸其区別の厳格なるを知るべきなり」(26)とも述べており、これらを考えあわせると、規則改定は、日本における「美術」概念の是正をめざす啓蒙的意図に発するものであったと考えられるのだが、同様の指摘は、すでにみたように一八八九年パリ万国博への参加報告にもみられるところであり、林は、その延長で自説を実行に移したのであった。

こうした是正の基準が一九世紀までに形成されたフランスの美術観であったことはいうまでもないとして、しかし、一九〇〇年パリ万国博のフランス側の事務官長アルフレッド・ピカールの報告を読むと、フランス側には別の事情がはたらいていたことがみえてくる。初めピカールは、「美術的特質」を有するセーブル磁器やゴブラン織を美術部門に加えることを企図したのだが、それによって工業部門の輝きをそこなう――つまり、代表的な出品物を美術部門にもってゆかれることで工業部門が割を食う――おそれがあるという反対にあい、また、「美術品」と「純粋工芸品」を判然と区別することの困難さもあって、やむなく、企てを断念したというのである(27)。

つまり、日仏の事務官長のあいだには、ほとんど正反対ともいうべき思惑のちがいがあったわけで、それが彼我の芸術状況の差異に由来することはいうまでもない。明治初期に西洋から翻訳によってもたらされた「美術」という概念が、日本社会において、ようやく確立されようとしていたこの時代、パリでは、アール・ヌーヴォーの植物模様が芸術の結界を越えて伸び広がり、やがて台頭してくるアヴァンギャルド――美術と生活、美術と政治、美術と工業の境界を次々と勇ましく突破してゆく二〇世紀美術――の種を、そこかしこにまき散らしつつあったのだ。

以上、一八八九年(明治二二)と一九〇〇年(明治三三)のパリ万国博と日本における美術分類との関係についてみてきたが、日本政府は一八七八年(明治一一)のパリ万国博にも参加しており、このときも美術と工芸にかんするパリ万国博の分類は同様のものであった。それかあらぬか先に引いた河瀬秀治の一八八五年(明治一八)の言葉の「美術の本体は絵画彫刻の二品に源基し」というくだりの「絵画彫刻」という序列にみられるように、開明派においては、工芸と美術を区別しつつ、美術において絵画を優位に置くこのような認識が早い時期から共有されていたのであった。絵画優位の発想は、ウィーン万国博分類表の「美術」に付された註「画学、像ヲ作ル術」という並びにも、すでにうかがわれる。それが、なぜ一八八九年パリ万国博にあたって、内国博の分類に大きく影を落とすことになったのだろうか。このことについては、次のように考えるのが、おそらく妥当であろう。憲法発布と国会の設置によって日本が西洋並みの近代国家であることを海外へ向けてアピールしようとしていた一八八八年（明治二一）当時の——第三回内国博規則公布の時点の——為政者たちは、美術にかんしても、近代西洋における在り方——絵画を首位に置き、彫刻を次位に位置づける在り方——に合わせて再編成をおこなう必要を感じていたのだ、と。

これをゲオルク・ヘーゲルの美学に即して捉えなおせば、美術というジャンルを永遠に代表する彫刻から、美術の近代を代表する絵画へと力点を移動させたのであり、それは、マルティン・ハイデッガーのいわゆる「世界像の時代」における美術の在り方の受け容れでもあったろう。ともあれ、日本の美術行政は、こうして西欧との同時代性を受け容れる構えをとるに至ったのだ。また、そこには、パリを芸術の中心地とみる発想も、むろん絡んでいただろう。ポスト印象主義の画面をひっさげて、黒田清輝が留学先のパリから帰国するのは、第三回内国博の三年後のことであった。

彫刻と絵画のキャスリング

チェスにおけるキャスリングのごとき彫刻と絵画の地位交替の意味を、もう一歩踏み込んで考えるために、第一回内国博と第二回内国博の彫刻の位置について、分類論的観点をいったん離れて、芸術観と政治状況の双方の観点から考えてみようと思う。

彫刻を絵画の前に置く分類は、ウィーン万国博の出品分類の細目に、おそらく由来している。太政官の編集課日誌掛による『澳地利博覧会』によると、その「第二十五区」は「今世ノ美術ノ事」（「今世ノ美術」は一八六二年のロンドン万国博以後に制作されたものと規定されている）に当てられており、その内容は、建築（Architectur）、彫刻（Sculptur）、絵画（Malerei）、版画（Zeichnende Künste）という順序で四つに分類されているのだ(28)。初出部分の「第二十二区」では「像ヲ作ル術」となっていた彫刻が、ここでは「彫像術、彫刻術、記念銭ヲ作ル術」と細分化されているのが目を引くが、この名称も内国勧業博に影を落としているようである。

それでは、なぜ、ウィーン万国博において、絵画に対して彫刻が優位化されたのだろうか。これは、憶測の域を出るものではないが、彫刻芸術をイデーと形態の完璧な一致とみる観念論美学の影響が想定できる。彫刻を造型芸術の最高位に置くヴィンケルマン－ヘーゲル流の芸術観である。

彫刻の地位は、先にもふれた、事物の製造に価値を見出だす工業社会の価値観ともかかわっていたのにちがいない。いうまでもないことながら彫刻は絵画以上に事物性を帯びる芸術だからである。

しかし、彫刻を絵画の優位に置く事由の第一のものは、モニュメントの政治的効用性にあったのではないかと思われる。西洋各国におけるモニュメント重視に当時の為政者が関心をもっていたことは、一八七八年（明治一一）刊行の『米欧回覧実記』に、当時のヨーロッパの都市に聳えるモニュメントの数々が銅版画で掲載されていることからも察せられる〔図3〕。内国博創設当時の日本の政治状況が、モニュメントを必要とさせたのである。征韓論争による分裂の危機に直面して、政治的求心力を強める必要を痛感していた明治政府は、その手段のひとつとして政治的なモニュメントに注目したのに相違ないのだ。そればかりではない。第Ⅱ章でみるように、憲法制定、国会開設へ向けて国民統合を強めるべく公定ナショナリズムを打ち立てようとする動きが、やがて起こってくると、銅像は、いっそ

上：図3-1 「伯林リンデン大通りフレデルヒ影像」『米欧回覧実記』第57巻（久米邦武編著 1878年）
下：図3-2 「サンスーチ宮之大跳水フレデルヒ之石像」『米欧回覧実記』第60巻（久米邦武編著 1878年）

う重視されるようになってゆくだろう。

ウィーン万国博の細目と異なり、内国博において建築が首位に置かれなかったのは、絵画や彫刻に比して、西洋にみられるような建築思想、すなわち美術ジャンルの綜合的成果としての建築という発想が希薄であったことが理由のひとつとして想定できる。この時期、建築は「造家」という工学的な用語で呼ばれており、一八八九年（明治二二）開設の東京美術学校でも建築を学科に加えながら、これについては規則に「建築科課程ハ追テ之ヲ定ム」(29)とあるように、大正期に至るまで名目に留まっていたのである。ようするに建築を美術として重視する構えが成り立っていなかったのだ。

内国博の企画者たる内務官僚を含む為政者たちが、銅像の政治的効用に注目するにあたっては、岩倉使節団による見聞の報告が大きくかかわっていたのにちがいない。第一回内国博の準備期間は、ちょうど『米欧回覧実記』の編纂がすすめられつつある期間にあたっていたのである。日本社会で銅像の建立が既定路線となるのは公定ナショナリズムが鼓吹される一八八七年（明治二〇）前後のことだが、銅像の政治的必要にかんする認識は、むろん、それに先んじていたわけであり、その認識が第一回、第二回の内国博の分類に示されていたとみることは、じゅうぶん可能であり、なおかつ、彫刻を絵画の上に置く内国博の分類は、かかる認識を実践にうつす弾機となったとも考えられる。すなわち、日本初の銅像《大和武尊像》が兼六園に建立されたのは一八八〇年（明治一三）、工部美術学校出身の大熊氏広が《大村益次郎像》〔図4〕と《岩崎弥太郎像》の製作を依頼されたのは一八八五年（明治一八）

のことであった。すなわち、内国博が彫刻を筆頭に掲げる分類を行っていた期間のことだったのである。

しかるに、銅像の建立が既定路線になり始めた明治二〇年代初頭の第三回内国博で、それとは裏腹に、絵画を首位に置く分類が見出されるのはなぜか。思うに、これは当然のなりゆきということができる。博覧会というものは、将来の構想にかかわる催しだからである。銅像の建立が既定のこととなった以上、その重要性を内国博で、ことさら示してみせる必要は、もはやなかったのだ。

絵画と彫刻のキャスリングは、別の観点から説明することもできる。繰り返しになるが、「美術」が視覚芸術に絞り込まれるプロセスにおいては、このような地位転換は当然のなりゆきであったとみることができるのだ。裏も表もある彫刻は視知覚のみによっては把握しがたい存在だからである。こうした動きは学校制度の上にいちはやく見出される。すなわち、一八七六年（明治九）に工部省が設置した工部美術学校では、造型芸術に絞り込んだ学科編成において、絵画を美術ジャンルの首位に置き、彫刻を次位に置く序列がおこなわれていたのである[30]。とはいえ、これは工部美術学校の特殊性にかかわっていたとみるべ

図4　大熊氏広《大村益次郎像》
1893年　靖国神社

きかもしれない。工部美術学校はアントニオ・フォンタネージやヴィンチェンツォ・ラグーザたちイタリア人教師たちの指導下に設立されたものであり、そこにはパリ万国博にみられるような西洋近代の芸術観の直接的な反映があったと考えられるからである。西洋近代の芸術観とは、ひとことでいえば個の尊重であり、これは、作者のみならず、メディアやジャンルや民族についても当てはまる。工部美術学校で指導にあたったフォンタネージは、第Ⅱ章でみるように、近代的な個性尊重の絵画観をもっていたのだが、それは美術というジャンル、絵画というメディアの個性を重んずる発想とも重なっていたのだ。視覚芸術としての美術の個性を代表するのは、視覚の純粋性を体現する絵画を措いて他にはありえなかったのである。

これに対して内国博は、あくまでも勧業政策という内政にかかわるプロジェクトであったから、当然ながら、そこでは、西洋で育まれた美術の在り方よりも、国内的な政治的必要性が重視されたと考えるのが妥当であろう。工部美術学校設立から第三回内国博に至る十数年間のギャップは、おそらく、こうした両者の差異に由来しているのだ。このギャップが埋められるということは、だから、国政にかんする大きな変化があったということにほかならない。視覚芸術が諸芸術の頂点に位置づけられる段階から、それに即して「美術」の内的体制が整えられ、絵画が首位に位置づけられるまでのあいだには、政治過程の進展と相俟って国家観の大きな転換が見出されるのである。ひとことでいえば、制度としての国家を超えて、民族性という幽遠なイメージをまとう国家への転換である。民族的個性に結びつく国家の在り方が模索され始めるのだ。

かかる国家観の転換と美術の関係については次章で詳説するが、ようするに明治憲法体制構築期に入る明治一〇年代半ば頃から、ウィーン万国博以来の殖産興業的「美術」観が、国家観と相俟って思想的・政治的なものへと転換されてゆくのである。その契機は、憲法体制に対する備えとして、ナショナリズムの鼓吹が官主導でおこなわれたことにあった。こうした動きのなかで、絵画が、みずからのイメージ性を駆使して、イメージとしてのナショナリティに、主題と様式的契機とを求め始めるのだ。その典型的な例が、アーネスト・フェノロサと岡倉天心に主導された「日本画」の形成であることはいうまでもない(31)。彫刻にかんしても、それが政治の手段として有効であることは、ヨーロッパのモニュメントを通じて早くから理解されてはいたものの、それが急速に切実さを増し始めるのは明治一〇年の内国勧業博覧会と西南戦争を終えたあと、自由民権運動が全人民的な盛り上がりをみてのちのことに属するのである。ここにおいて美術政策の機軸は、経済的関心から政治的・思想的関心へと転換され、この転換が、「美術」概念の純化と相俟って、ウィーン万国博以来の工芸中心主義的「美術」観の退潮を、そして、絵画の優位性確立を促してゆくのだ。

内国絵画共進会と工芸ジャンルの形成

工部美術学校の例にみられるように、内国勧業博「美術」部門の分類改革は、博覧会行政として単独でおこなわれたわけではなく、したがって一八八九年のパリ万国博のみを契機としていたわけでもない。工芸の位置に焦点化して周辺をみまわしてみると、次のような事例が見出される。一八八九年（明治二二）には「美術工芸」部をもつ帝国博物館が設置されており(32)、第三回内国勧業博と同年に東京美術学校は、それまでの「図案科」を「美術工芸科」（金工・漆工）と改めている(33)。また、これらに先だって開かれた農商務省主催の内国絵画共進会も「工芸」概念の形成にかんして重要な役割をネガティヴなかたちで果たした。

一八八二年（明治一五）と一八八四年（明治一七）の二度にわたって開かれたこの展覧会は、国粋主義に荷担して西洋画法による絵画の受け付けを拒絶したことで知られているが、同展の規則は、西洋画とともに、江戸時代以来の表装――パネル状を成す屏風などは別として、軸物、巻物、帖など――も拒絶している(34)。これが初期の内国勧業博にみられるような混沌状況を終熄に向かわせようとする企てであったことはいうまでもない。ここにおいて絵画は、平面の表現として、また展覧会用鑑賞芸術として、より純粋な形態をまとうことになったのである。

かかる発想の拠り所となったのは——国粋主義的な建前とは裏腹に——タブローの並ぶヨーロッパの展覧会や美術館のイメージであったと考えられる。内国絵画共進会もまた、欧化をめざす時代の動きに貫かれていたのだ。ちなみに、小山正太郎が、内国勧業博の「美術」部門に書が含まれていることを批判して、岡倉天心と論争になったのは第一回内国絵画共進会と同じ年であり(35)、このとき小山は、「美術」としての絵画を実用技術としての書から分離せよと主張したのだが、これが絵画共進会と同じ鑑賞至上主義的発想に拠るものであったことはいうまでもない。

第一回の内国絵画共進会の審査長を務めた佐野常民は、同会の審査報告で「夫レ絵画ハ美術ノ根本ナリ」(36)と述べて、絵画に的を絞った共進会を開催することの理由づけをおこなっている。この理由づけは、以上のようないきさつに照らして考えるとき、きわめて微妙なバランスのうえに成り立っている。まず、先述したような官の貿易政策にかかわる殖産興業的「美術」観に照らすならば、この言葉は、輸出工芸品の意匠改良を「美術」の大目的とする文脈で述べられていると考えるのが順当なのだが、しかし、「根本」というのは、最も重要であるという意味にも受け取ることができる。すなわち、この言葉は、絵画の至上性を述べたものと読むことができるわけだ。「美術」観の転回点を示すメルクマールとして、佐野の発言を読むことも可能なのである。

ただし、絵を描くことを器物の作製よりも高くみる発想は、明治になって初めて認められるというわけではない。造型諸営為に絵画を優越させる発想は、江戸時代以前から認められる(37)。しかし、その発想が、近代に、そのまま持ち越されたわけでもない。近代における絵画の優位性は、「美術」概念の移植を介して西洋近代における絵画優位の思想を受け継いでいるからである。つまり、江戸時代以前と明治以後の絵画重視は、断層を介して連続しているのだ。

「美術」の名のもとに絵画の優位性を確立してゆく制度的な動きのなかから、視覚芸術の純粋性と自律性とをめざすモダニズムが、やがて台頭してくると、工芸を疎外し、差別する美術観が支配的になってゆく。生活や工業と交わる工芸は純粋さと自律性において欠けるところがあるからだ。とはいえ、モダニズムが進行してゆくなかで、掛軸や屏風は、なおも絵画として遇されるのではあるけれど、その捉え方が、美術全集などの図版に示されているように、表具の一切を切り捨てて画面にのみ関心を集中させるモダニズムの発想によって規定されていることを見逃してはなるまい。

ところで、先ほど、内国絵画共進会において、絵画の形態が——西洋の例に倣いつつ——画面の純化に向けて方向づけられたことを指摘したが、「絵画」概念の純粋化をめざす変革は、技法‐材料面においても見出される。内国絵画共進会の第一回展の規則をみると「焼絵」、「染絵」、「織絵」、「縫絵」、「蒔絵」などの工芸的な技法は受け付けないことになっているのだ(38)。このことを踏まえて考えると、西洋画が拒絶されたのは、それを代表する油絵を工芸的技法とみなす発想が絡んでいたのではないかとも思われる。油彩は、古代や近世において漆工芸の加飾に用いられてきたからである(39)。

とまれ、こうして内国絵画共進会は、西洋画法と工芸的技法を排除することによって墨‐膠絵具系の伝統画法のみを正統的な画法として公的に認知したのであり、このことは、同会規則にある出品画派一覧によってもあきらかである。そこには、墨－膠絵具系の画派が、大和絵系を筆頭に整列しているのだ(40)。こうして、いわゆる「日本画」の技法－材料の基本が、工芸的技法を排除しつつ制度的に定められたのであった。

もっとも、そうはいっても、この八年後に開かれた第三回内国勧業博の「絵画」には、「焼絵」、「漆絵」などの工芸的技法が含まれており(41)、また、一八八七年（明治二〇）の東京府工芸品共進会の「各種絵画」にも、漆絵、染絵、織絵、繍絵、押絵、焼絵、蒔絵、七宝などが、「和漢洋法ノ諸画」とともに含まれている(42)。すなわち、技法－材料の純化や階層化は複雑な動きを示すのだが、大筋についてみれば、絵画技法は、その後急速に工芸技法を排除する方へと傾斜してゆくとみてまちがいない。一八九五年（明治二八）の第四回内国博では、水彩、油彩、水墨、着彩など現在のスタンダードな絵画技法にかぎられ(43)、また、一九〇七年（明治四〇）の文部省美術展覧会（文展）においては、膠彩画を主とする「日本画」と、油絵を主とする「西洋画」の二種の技法－材料によって代表されることになるのである(44)。

では、「日本画」と「西洋画」に属さない諸画法は、いったい、どこへいったのか。現在の美術展の〝分業〟体制をみれば、それは一目瞭然だろう。油彩絵や膠彩絵が絵画展に展示されるのに対して、漆絵や刺繍は工芸展で展観されているのである。このような現状に照らしていえば、「工芸」とは、絵画を頂点とする現行の美術体制に位置づけがたい雑多な技法の総称だということもできる。ということは、実用的機能性をもたないオブジェ的工芸の淵源は、明治にまで遡ってみとめられるということでもある。

絵画の純化は工芸的技法の分離によって行われたわけであり、こうした動きは、文展において完成をみるのだが、文展は、たんに絵画と工芸を分離しただけではない。出品物を絵画（「日本画」と「西洋画」）と彫刻に限定することで、工芸じたいを排除してしまうのだ(45)。文展は、これによって、近代美術の機軸をなすジャンルが何であるかを広く国民に示すと同時に、美術における工芸の地位をも決定したのであった。第四回と第五回の内国博では「美術及美術工芸」として、なおも「美術」の近傍に位置づけられていた工芸は、ついに美術から切り離されてしまうのである。第Ⅲ章で詳しくみるつもりだが、一九二七年（昭和二）には、文展の後身である帝国美術院美術展覧会（帝展）に「美術工芸」部が設けられ、これによって、工芸は美術への帰属を公的に認知されることになるのだけれど、工芸は――叙上から予想されるごとく――「第四部」として絵画、彫刻の下位に位置づけられるのである(46)。かつて「美術」の中心に在った一領域は、こうして美術の縁辺に改めて位置づけられ、それによって冒頭に述べた絵画・彫刻・工芸という階層秩序が制度的に完成をみることになったのだ。

「工芸」の原義

「工芸」というジャンルは、以上のようにして形成されていった。しかし、明治一〇年代後半に登場してくる「応用美術」や「美術工芸」の概念が、現在のように「工芸」という一語でになわれるようになる経緯については、また別に探られなければならない。

「工芸」という漢語は、中国では古くから用いられており、しばしば言及されるように宋代初期の百科事典である『太平御覧』には「工芸」の部が設けられている。ただし、それが意味するところは、現在とかなり異なっていた。そこには射術、御馬、囲碁などが含まれており、また、書と画も、この名によって捉えられていたのである。ここから「工芸」の語が、熟練を要する技能の意味で用いられていたことがわかるのだが、ただし、古くからあるこの漢語は、日本では、江戸時代までは決して一般的ではなかったらしく、江戸時代の百科事典ともいうべき『和漢三才図会』にも、一八九六年(明治二九)から一九一四年(大正三)にかけて刊行された古典百科全書『古事類苑』にも「工芸」の項は立てられていない。また、『国書総目録』によると、江戸時代以前には「工芸」を表題とする書物は刊行されていない。以上に照らして、この語が一般化するのは、明治以後のことと考えられるのである(47)。

では、どのようにして、この語は一般化していったのか。ひとことでいうと、官製の用語として広く用いられるようになったというのが、どうやら真相らしい。では、なにゆえに、国家は、この言葉を必要としたのか。それは、何よりもまず国民経済の工業化というプロジェクトを推進するためであった。

初期の殖産興業政策の枢軸となった「工部省」の設置にさいして、その主旨をしるした「工部省ヲ設クルノ旨」という一八七〇年（明治三）の文書に、「西洋各国ノ開化隆盛ナルモ、全ク鉄器ノ発明、工芸ノ進歩ヨリ成レリ、是ヲ以テ工芸ハ開化ノ本タル者トスベシ」とあり、これが、最も早い「工芸」の用例とされているのだが(48)、ここにいわれる「工芸」が、今日のいわゆる「工業」のことを指すのは文面からあきらかである。こうした「工芸」の用例は、一八七八年（明治一一）に刊行された久米邦武編著の『米欧回覧実記』のなかにも見出される。同書は、西洋での見聞にもとづいて「炭鋲ノ欧洲ニ於テ、工芸ヲ補助シ、国民ニ営業力ヲ増加セシムルコト、其功用ハ実ニ莫大ナルモノナリ」と指摘しているのだ(49)。来たるべき産業革命の予感をはらむこれらの「工芸」に英語を対応させるならば industry 以外にはなく、げんに、たとえば一八八九年（明治二二）の帝国博物館設置にかかわる予算の説明をした九鬼隆一の文書では、「工芸」に「インダストリー」とルビが振られているのである(50)。また、『米欧回覧実記』と同年に博物局から出版された黒川真頼の『工芸志料』の場合も、内容に照らして「工芸」の意味するところは industry であったといってよい。第二回内国博の分類に登場する「工芸」も、同様に理解すべきであろうことは、すでに述べた。こうして「工芸」の語は、『太平御覧』におけるそれとは程遠い意味を帯びて、文明開化期の日本に登場してきたのである。

「工芸」と「工業」

だが、近代の industry を意味する語は、やがて「工芸」から「工業」に取って代わられることになる。すなわち、industry の翻訳語として定着するのは、現行の語彙に照らしてあきらかなように「工芸」ではなく「工業」であった。一八八一年（明治一四）に刊行された学術用語辞典『哲学字彙』で industry に対応するのは「工業」であり、一八八八年（明治二一）のウェブスターの『和訳字彙』（初版）でも industry や product に「工業」という訳語が当てられているほか、一八九八年（明治三一）刊行の横井時冬の『日本工業史』も、「工業」の名を以て、古代から明治までの製造業の歴史をしるしている。それればかりではない。先に「工芸」（＝工業）の事例として引いた『米欧回覧実記』にも、industry の意味で「工業」を用いる例がみられる。「第九十二巻　欧羅巴洲工業総論」が、その例だ。ここでは、本文中において industry の意味で「工芸」を用いながら、タイトルには「工業」を掲げ、なおかつ、次のような用例も見出されるのである。「東洋人ヤ、モスレバ、人民必要品ノ工業ヲ豊足ニスルコトヲ遺漏シ、直ニ美術ノ工ヲ以テ、工業ノ目的トナスハ、甚ダ本末ヲ失ヘリ」(51)。「工芸」

と「工業」にまつわるこうした揺れが、明治二〇年代の内国博にもみられることは、すでにふれた。「工業」は、「工芸」とは異なり、古くから日本語の語彙に組み込まれていた語であり、『日葡辞書』にも「大工や箱製造人などのような手細工の職人」という定義で登場している(52)。そういう旧来の意味を引きずりながら、新しい時代に対応する意味を付加されて、「工業」は、産業革命後の industry に対応する語として用いられるようになってゆくのだが、その背景には産業革命の進展があった。すなわち、手工業中心の「工業」観からの脱却である。また、「工業」の「業」の字が、「しごと」、「なりわい」を意味することを踏まえつつ、語彙における字音の整斉を重視するならば、「農業」や「商業」と並ぶ産業の一種として industry には「工業」の訳語がいかにもふさわしいというべきだろう(53)。

重工業指向から生まれた近代語としての「工芸」は、『太平御覧』にみられる、ほんらいの意味から大きく逸れるところがあったわけだが、それに対する修正は、このように「工業」という語の前面化を促していった。これは、とりもなおさず「工芸」が現在の意味を獲得してゆく過程でもあった。このことは、たとえば「美術」改良をめざす研究会として発足した龍池会が一八八〇年(明治一三)に創刊した機関誌が『工芸叢談』という誌名だったことや、『京都美術協会雑誌』が一八九二年(明治二五)の第一号以来「工芸志料」という名の欄を設けていることにみてとることができる。「工芸志料」というのは、「発行ノ趣旨」によると、「美術工芸ノ沿革及諸名家ノ伝記等」を掲載する欄と規定されているのである(54)。けだし、「工芸」の意味は――揺れをふくみながらも――こうした用例の積み重ねを通して、結局落ちつくべきところに落ちついていったとみるべきだろう。こうした動きの正当性は、中国語の用例によって裏付けられるところでもあった。一八八三年(明治一六)に日本で出版されたロブシャイド(井上哲次郎増訂)の『訂増英華字典』に「工芸」という語がArtの訳語のひとつとして記載されているのだ。

「工芸」と「工業」両語の使い分けは、やがて教科書においても踏まえられるようになってゆく。明治期の国定読本における「工業」の用例を調べると、七宝や蒔絵を「工業のほこり」とするくだりもみられるものの、おおむねは、実用にかかわる機械工業の意味で用いられており、しかも、産業革命の進展を映し出して、重工業のイメージを徐々に強めてゆく。「工芸」についてみると、その用例は、「種々の模様を工夫し、又麗しき色どりを案ずるは、工芸・美術においては極めて大切なる事とす」といった具合に、手わざにもとづく精巧な少数生産品の意味合いにおいて、つまりは「美術」に関係する用法にかぎられている(55)。「工芸」という語が国定読本に登場するのは一九一〇年(明治四三)のいわゆる「ハタタコ」読本においてであり、いま引いた用例にあきらかなように、この時期には、「美術工芸」とその類語――「応用美術」や「工芸美術」など――の意味を「工芸」の一語がすでにになりつつあったのだ。

もともとindustryを意味した「工芸」が、このように美術にかかわる意味を明確に帯びるに至る決定的な時点を確定するのは困難だが、制度史に指標をもとめるならば、だいたい明治三〇年代の前半と当りをつけることができる。その指標となるのは、染色、機織、図案の三学科を内容とする「京都高等工芸学校」の開校である。一九〇二年（明治三五）に開校したこの学校は、それに先だって開校された東京高等工業学校と大阪高等工業学校に次ぐ「第三高等工業学校」として、もともとは構想されたものの、設置される三学科が「美術工芸」にかかわるという理由で「工芸」の語が校名として選ばれたのであった(56)。

この選択が、当時の人々の意識にどう映ったかについては、一九〇三年（明治三六）に書かれた塩田力蔵の「美術工芸に就て」という評論のなかに格好の手がかりがある。そこで塩田は、「近年中沢（岩太――引用者註）工学博士の京都高等工芸学校あるに及びて、其所謂工芸は初めて工業より別義のものに公用されたるのみ」(57)と述べ、「元来装飾の意味なき工芸の二字を以て既に美術工芸の四字の如くに解釈すべきものならば、今ま又た之に重ぬるに美術の二字を以てするの要なきこと勿論なり。（最近の京都高等工芸学校は其新例たり）」(58)と指摘しており、この当時、「工芸」という語が意味の曲がり角にさしかかっていたことを伝えているのだ。

ところで、この塩田の文章は、一八九八年（明治三一）に『読売新聞』紙上でおこなわれた「工芸」と「美術」の概念をめぐる論争――塩田の評論「美術工芸と形式美」を大村西崖と高田紀三が批判した論争――にかかわるものであり、そのおりの大村西崖の文章のなかには「形式美術を名づけて、世間一般通途の義にて、工芸といひ居るなり」(59)という言葉がみえる。また、大村は、論争に先だつ一八九六年(明治二九)の「造形芸術ノ彙類」という論文で、「工芸」は、多少の差こそあれ、いずれも「美」を実現するものであるから、「均ク工芸トイフ一名ニ統ブルニ如カズ」と主張していた(60)。先にもふれたように『京都美術協会雑誌』は、一八九二年(明治二五)以来、「工芸志料」という欄を設けており、そこには「工芸」の一語が「美術工芸」の意味を帯びる兆しが見出されるのであるが、大村は、それを一挙にイコールの関係にまでもってゆこうとしたのである(61)。

これに関連して、改めて思い起こされるのは、一九〇〇年(明治三三)のパリ万国博覧会参加にさいして、芸術分類にかんする改革が断行されたことである。先にも述べたように、参加事務を取り仕切った臨時博覧会事務局は一八九八年(明治三一)五月に告示された改定規則において――塩田力蔵も「美術工芸と形式美」の冒頭で言及しているごとく――従来の「美術工芸」なる折衷的名称を「不穏当」として、「優等工芸」と呼び変えたのだが、それにもかかわらず、博覧会事務局は、industryの意味での「工芸」が美術と交わる部分をもつことを認めてもいたのである。「優等工芸」は、「美術ヲ応用シ製作良好ニシテ鑑賞実用其宜ヲ得タルモノ」と規定されていたのだ(62)。つまり、「優等工芸」は、「美術」ではないにもかかわらず美術的なものを含むということ、いわば、美術であって美術でない微妙な立場に位置づけられたのであった。

このように美術は、工芸を疎外しつつ、しかし、決して切り捨てはしない。ここには、「工芸」概念を支える発想の政治性がみてとられる。つまり、美術は工芸を疎外することで、みずからの領域を確定するボーダー・ゾーンを作り出したのだ。文展で、いったん排除された工芸が、帝展において美術に再統合されるいきさつは、かかる政治的発想に由来するのであるが、この問題については、場をあらためて考察を加えることにしたい。

「優等工芸」とは、ようするに、美術を応用した「工芸」のことであるとして、それでは、「優等工芸」の基体たる「工芸」とは、この場合、いったい、どのように規定できるのだろうか。大筋において捉えるならば、それは工業すなわちindustryのことであると考えることができるはずなのだが、しかし、近代工業の観点からみるならば、「優等工芸」と称される領域は、必ずしも「優等」ではありえない。明治一〇年代末にはじまる産業革命が、工業の機械化と資本主義化を推進してゆくなかで、身体化された技にもとづく造型活動は、工業の主流から疎外されていく宿命にあったからだ。つまり、「優等工芸」が当然ながら手仕事に多くを負うだろうことを考慮するならば、それは、工業にとっては後進ないし未開の領域ということになるのであり、げんに、一九〇〇年のパリ万国博覧会の報告書は「欧州ニ在テハ優等工芸品ニ付テモ亦漸次機械ノ応用ヲ広メ其ノ製作法ヲ簡易ニセンコトヲ図リ、決シテ手工ニノミ依頼スルノ迂ヲ為サズ、是レ其ノ事業ノ盛大ヲ致ス主要ノ原因ナリ」(63)と指摘しているのである。「優等工芸」は、それが工業に属する以上、機械化の趨勢から自由ではありえなかったのだ。当初「第三高等工業学校」として構想された「京都高等工芸学校」の「工芸」が、こういう機械生産指向のニュアンスを含んでいたのはいうまでもない。京都高等工芸学校の基本構想にかかわった初代校長の中沢岩太はパリ万国博当時のヨーロッパの工芸事情をつぶさに調査していたのである(64)。美術への傾きによって選ばれた「優等工芸」は、こうして、その内に機械工業へのベクトルを宿らせ、それによって、きたるべき「デザイン」の時代の兆しを帯びることになるのだ。

Kunst と Gewerbe

思い返せば、工芸に占拠されていた明治初期の「美術」は、初出時の原語にあたる Kunstgewerbe というドイツ語にふさわしい存在であった。ただし、それは、たんに初出の原語に忠実であったということを意味するわけではない。そこには主体的な契機も見出される。明治初期の「美術」の在り方は、「工業」に属していた江戸時代以来の造型の踏襲でもあり、また、工芸品が対西洋貿易の有力な輸出品たりうることを見込んだ美術行政の結果でもあったからだ。

しかし、国民経済の確立へ向けて重工業指向のプログラムが本格的に始動すると、美術行政の力点は、富国論から国民精神の形成へと移ってゆき、一方、いうまでもないことながら、工業の重点は手仕事から機械へと移行していった。これによって、Kunstgewerbe としての「美術」は、手仕事本位の純粋美術である Kunst と、工場制機械工業を指向する Gewerbe とに分解され、そこに「美術工業」

という折衷的な言葉＝概念が誕生した。ウィーン万国博の時点で「美術」のなかに複合されていた二つの概念が分離再結合されることでKunstgewerbeの直訳が可能となったわけだ。「工業上美術」と訳されるはずであったドイツ語が、こうして改めて四字熟語の訳語を得たのである。ゲオルク・ジンメルは「橋と扉」というエッセイで、「人間は、事物を結合する存在であり、同時にまた、つねに分離しないではいられない存在であり、かつまた分離することなしには結合することのできない存在だ」(65)と述べているが、同じことは概念についてもいえるのだ。次に引くのは、第三回内国博の前年に、博覧会官僚の山本五郎が金沢工業学校でおこなった講演「美術ト工業トノ区別」の一節である。

工業は元来独立のものにして美術と全く離るゝものなり。美術、工業共各々特異の性質を備へて決して同一のものにあらず。言少しく学理に渉ると雖ども工業は独逸語ゲヴェルべ、美術は同クンストにして正しく其間に区別あるものなり。（中略）両者とも特異の根元を有し、決してこれを混同すべからず。即ち美術の根元は近来世間に文字も顕れ意味も知れたる美学が第一の根元にして、其の他、哲学、精神学等の学も亦これが根元たるなり。工業の根元は右等と全く別にして、即ち化学、重学（力学——引用者註）等の学理を根元として発生したるものなり(66)。

「美術」という翻訳語が初出時にあてられたKunstgewerbeは、ここにおいて学問体系に従って

Kunst と Gewerbe とに分解されることとなった。これによって、美術にとっての工業は、一方で、造型芸術としての美術の社会的価値を——事物の造型＝生産を社会的価値の基軸とする工業社会の価値意識に準じて——支えるものでありながら、他方で、美術に対抗する他者——美術が、それとの対立によって自らを求心化させる他者——として現われ始めたのであり、それまでの内国博で「製造物」や「製造品」の名で呼ばれていたものが「工業」という名称で一括されるようになったのも、この講演の翌年に開催された第三回内国博においてであった。「美術」と「工業」は、ここに至って、近代における造型の二大ジャンルとしての姿をあらわしたのだ。そして、それゆえに、「美術工業」ないしは「美術工芸」という名称も可能となったわけだが、工業と美術の分離は、こうした中間領域をいかがわしい不純なものとみなす見方をはぐくみもしたのであった。すでに述べたように、一八九五年(明治二八)の第四回内国博の美術部門は「美術及美術工芸」と名付けられ、工芸は、美術の近傍に、つまりは外部に位置づけられることになるのである。

とまれ、こうして工業からも美術からも疎外された新たなジャンルが産み落とされることになるわけだが、しかし、すでにみてきたところからあきらかなように、「工芸」と呼ばれるこの第三のジャンルこそ江戸以来の造型伝統の正統的な継承者であり、しかも明治初期「美術」の紛れもない嫡子だったのである。

この章では、近代産業の育成という国民経済史的観点から、「美術」ジャンルの成り立ちについて考察を行った。次章では、民族主義とのかかわりにおいて「美術」ジャンル形成の機微に目を凝らしてみようと思う。

第Ⅱ章　美術とナショナリズム／ナショナリズムの美術

――あるいは「工」の解体

「工」概念の解体

前章でみたように職業的な絵画制作は、かつては「工」ないしは「工業」に属していた。このことは「画工」という呼び名に、その痕跡をとどめている。「工業」には、画工ばかりではなく仏工、大工、蒔絵師、左官、指物師なども含まれていた。それは広く製造者一般を指す言葉であった。しかし、近代になると、こうした広い概念に亀裂が生じる。あるいは、そこに分化の動きが起こってくる。すなわち画工や仏工たちの仕事は「美術」に、蒔絵師の仕事は「工芸」に、また大工の仕事は広義の「建築」に、それぞれ属することになった。一方、「工業」の一角に西洋伝来の「機械」という利器が配置されることによって、「工業」概念じたいに変質が生じる。それまでの手技中心の在り方から、機械工業を中心とする在り方へと変わってゆくのだ。そのことについて、一八七七年（明治一〇）の第一回内国勧業博覧会の出品解説は、「機械ノ製作我国ニ起リシハ実ニ近年欧米ノ諸機盛ンニ行ルヽニ原ヅキ」(1)云々としるしている〔表3参照〕。

こうして「工」の領域は、近代的な意味における「工業」へと転身しつつ、「美術」を、そしてそれに内属する「工芸」、「建築」といった諸ジャンルを派生させてゆくことになるのだが、美術は、ナショナリズムの台頭を機に理念や自己など精神的なものとのかかわりを深め、「機械」を枢軸に据える工業の対極に位置することになる。

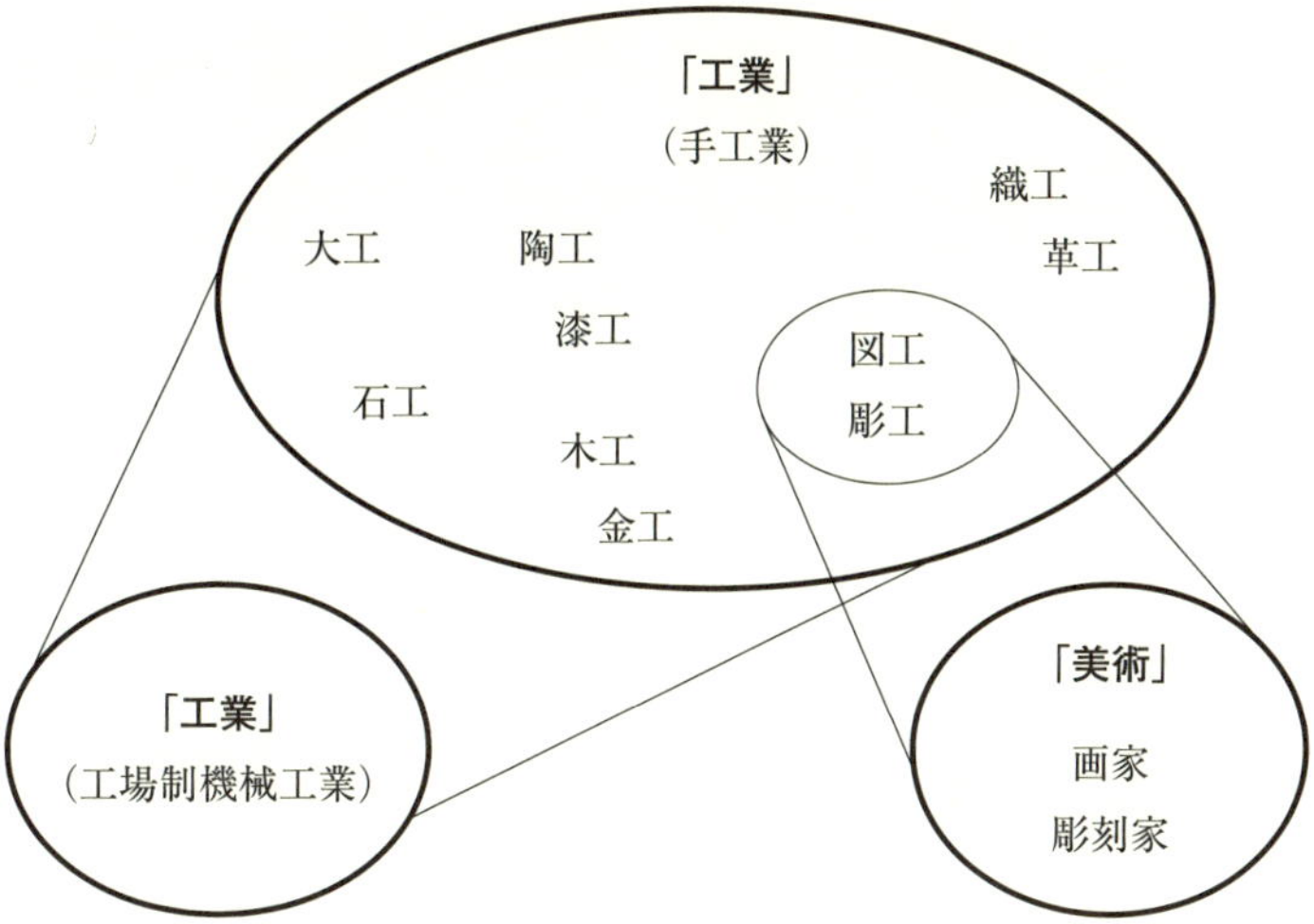

表３　「工」概念の解体

ただし、これによって「工」概念が完全に解体してしまったわけではない。「工」から派生した分野のあいだには、ゆるやかな関係がみとめられる。ふだんは無縁を決め込んでいる美術と工業も例外ではない。工業に付随するデザインと、美術に付随する工芸との複雑に絡まり合う関係がこのことを証している。両者の関係の複雑さは、昨今の文部官僚の「工芸」観――伝統性に傾く「デザイン」を以て「工芸」と称する現行の学習指導要領にみられるような見解にもうかがうことができるだろう。

もっとも、美術について「工」とのかかわりのみを指摘するのは不充分のそしりをまぬかれまい。『和漢三才図会』で、絵画は「技芸」のうちに含まれており、「技芸」概念を「美術」の受容基盤として論じた佐藤道信の興味深い研究もすでにある(2)。また、文人画も視野に入れるならば、文事としての側面についても考察しなければならないだろう。たとえば『古事類苑』では絵師や仏師の仕事を「工業」として扱いながら、その一方で「絵画」を「文学部」に割り付けてもいるのである。ナショナリズムの台頭を俟つまでもなく絵画は精神の次元を有していたということだが、ナショナリズムは、それを強化し、増幅し、「美術」の在り方に沿って変質させてゆくことになるのだ。

また、現在とは趣を異にするとはいえ、「芸術」という語も古くから使われていた。すなわち、「美術」概念の形成を近世以前の発想法との関連から考察するためには、「工」のみならず、「技」、「芸」、「術」、「文」などの諸概念に照らして——「像」という概念も念頭に置きつつ——考えを進めるべきなのだが、ここは、とりあえず「工」に的を絞って、「美術」が、「工業」と袂を分かって精神の高みへと離陸してゆく過程を、工部美術学校の事例を中心にたどってみることにしたい。歴史的文脈に照らして行論の計画を示しておけば、明治憲法体制の構築過程、そして、やや遅れて産業革命が重なり合う時代に本論のトポスは形成されるはずである。

テクノロジーとしての絵画

高橋由一と西洋画法の出会いについて語る、『高橋由一履歴』(以下、『履歴』と略記)のあまりにも有名なくだり――「嘉永年間、或ル友人ヨリ洋製石版画ヲ借観セシニ、悉皆真ニ逼リタルガ上ニ一ノ趣味アルコトヲ発見シ」(3)云々という一節には、日本という近代国家の起源と、そこにおける美術のはじまりとが重なり合うようにして見出される。

「嘉永」とは、いうまでもなくペリー来航を示す年号であり、西洋画との出会いを、この年号のもとに由一が語っていることは、西洋列強の軍事的圧力のもとに歩みを開始した日本近代が必然的にとらざるをえなかった受動の姿勢を、そして、その受動の姿勢によって明治以後の絵画が準備されていったという事態を暗示している。由一が西洋画法の手ほどきを受けた洋書調所（この機関は幾度も名称を変えているが、ここでは由一入所時の名称に統一する）は、ペリー来航を機に、西洋のテクノロジーを研究するべく設けられた機関であり、西洋画法は、その一分科あるいは一補助学として研究されたのであった。イタリア・ルネサンスの発明にかかる透視画法が比例関係に基づく一種の作図法であることに思い至れば、このことは容易に理解できるだろう。それればかりではない。由一が、初めて眼にした「洋製石版画」というのは、ペリーが幕府への〝贈り物〟として持参した石版画――アメリカ・メキシコ戦争や独立戦争を描いた石版画であったという推測さえもなされているのだ(4)。もし、この推測が正しいとすれば、日本近代洋画は「戦争画」との出会いから始まったことになるわけだが、これは、とりもなおさず、洋画史の初めに脅迫外交という暴力的な経験が――「黒船」と石版画というテクノロジーによる暴力が――見出されるということにほかならない。このように考えると、「作戦

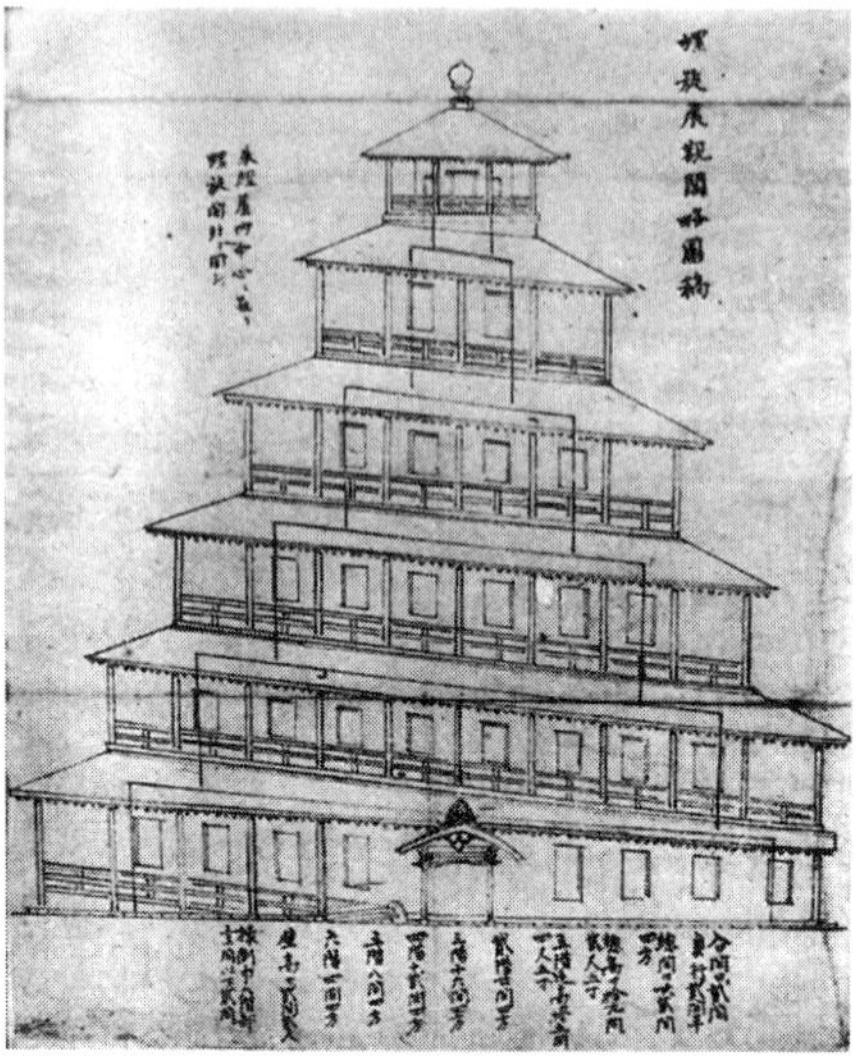

図５　高橋由一「螺旋展観閣略図稿」

記録画」や植民地表象にみられるテクノクラート的な洋画家たちの動きは、初発のトラウマティクな体験を克服しようとする過程であったとみることもできないではない。暴力を背景とするこうした出発の記憶は、その後ながく、日本近代絵画のうえに影を投げかけ、日本の近代絵画は、その圧倒的な最初の記憶を克服するべく、絶えず受動から能動へと転換する機会をねらいつつ、そのため、ますます受身の姿勢に複雑なかたちではまり込んでゆくことになるのである。

　ところで、西洋画法がテクノロジーの一分科とみなされたのは、透視画法に典型的に示されるすぐれた再現性によってであった。「悉皆真ニ逼」る描き方ゆえに、西洋画は時の権力によって必要性を認知されたのである。これは由一自身よく知るところであって、洋書調所時代に由一が書いた檄文「洋画局的言」（以下、「的言」と略記）には西洋画法と権力の関係が端的なかたちで語られている。西洋画法の再現性について由一は、国民の教化や鼓舞（「動乱ニハ練兵争闘ノ形勢ヲ模ス」）、また伝達の場面を想定しながら「国家日用人事ニ関係スルコト軽キニ非ラズ」としるしているのだ(5)。

また、由一は同様の発想から油絵を媒体として森羅万象を展観に供する螺旋構造の博物館を構想してもいるが、「螺旋展画閣」ないしは「螺旋展観閣」と呼ばれるこの施設は、今日の美術館とは厳しく一線を画して捉えるべきだろう〔図5〕。それは、油絵の優れた再現性による一種の博物館であり、由一がそこで立脚していたのはテクノクラートの発想であって、芸術家の発想ではないのである。

とはいえ、由一は再現的な西洋画法に「一ノ趣味」、すなわち鑑賞性をも感受していた。このことを見逃してはなるまい。この感受性ゆえに、由一は「美術」史の近代の始点に位置づけられてきたのである。だが、こうした従来の由一観を鵜呑みにするわけにはいかない。

迫真性に重きを置く由一の絵画観は、近世までに形成された絵画観のスタンダードとは相容れないものであり、「的言」のなかに「和漢ノ画法ハ筆意ニ起リテ物意ニ終リ、西洋画法ハ物意ニ起リテ筆意ニ終ル」(6)とあるのは、由一がそのことをじゅうぶんに意識していたことを示している。迫真性の追求は「物意」(＝対象の在り方)を「筆意」(＝造型性)に優位させることであるからだ。つまり、由一の構えには近世までの絵画観との断絶がたしかにみとめられる。つまり、由一は、近代の始点に立っている。これは、まちがいない。しかし、それでは再現性に「一ノ趣味」を感受する由一の絵画観が、文字どおり近代のものであるかというと、これはあやしい。近代の絵画観とのあいだにも決定的なズレが見出されるのだ。

由一は、伝来の正統的な絵画観からズレをもつ再現性の絵画こそ、絵画の正統であるべきだと考えており、再現性重視の絵画は、由一の思惑どおり、やがて写実主義の名のもとに美術史に組み込まれることになるのだが、しかし、そうであるとしても「真ニ逼リタルガ上ニ一ノ趣味アルコトヲ発見シ」という由一の言葉は、近世以来の正統とも与しえず、さりとて美術という近代の正統にも属しえない。「美術」という概念は、既述のように明治初期に外来の概念として形成の緒についたのであって、「嘉永年間」の由一は、「美術」という発想を抱きようがなかったからである。由一の発想は、だから、近世にも近代にも落ち着くことのない微妙なバランスを、「上ニ」という文節を支点として保っている。近世絵画からの離脱の意識については先述したが、この時点で由一は近代がはぐくんでいった「美術」とのあいだにも決定的な――解消しようのない――距離をもっていたのだ。

それでは、由一にとって、結局のところ西洋画法はテクノロジーであったのかというと、むろんそうではない。再現性に「一ノ趣味」を見出す発想は、冷厳な科学技術のものでは、ついにありえない。由一の絵画観は科学的発想に近いとはいいながら、それを科学として捉えきることはできない。

ようするに、美術とテクノロジーを截然と区別する近代のものの見方に、由一の絵画観はなじまないのであり、ここに由一の歴史的な例外性があるといってよい。この例外性は、レオナルド・ダ・ヴィンチにもみとめられるところなのだが、これを言い止める正確な言葉をわれわれは、いまだもちえてはいない。ジャンルの横断性を身上とするアヴァンギャルディズムの時代を経てもなお、その言葉をわれわれは見出していない。だから、それを称して、たとえば、テクノロジーやサイエンスにポエジーを見出す感受性とでもいうほかないのだが、敢えて一語を求めるならば、現今、さかんに用いられる「アート」という語が――「技術」も「芸術」も「美術」も含み込む英語 art の原義に照らして――由一の絵画観を言い止めるのにふさわしいかもしれない。

ところで、この節の冒頭に引いた『履歴』のくだりを由一がノートしたのは明治二〇年代の半ばであり、すでに当の体験から四〇年の歳月が流れていた。しかし、『履歴』の記述は、四〇年前のことを語っているとは思えないほど、いきいきとした現在性を感じさせる。すなわち、由一は、サイエンスとテクノロジーに「一ノ趣味」を認める発想を、どうやら晩年までもちつづけたらしい。年月の流れのなかで、迫真性と鑑賞性の結合の度合いに多少の変化があったにもせよ、由一の絵画観の基本は決して変わらなかった。それゆえ由一は、近代化が進展するなかで孤立を余儀なくされてゆく。近代西洋に倣う分類体系が浸透し、テクノロジーと美術の別が枠組みとして固定されてゆくにつれ、由一の――あるいは由一的な――発想は不可能なところへ追い込まれてゆくのである。だから、やがて由一は西洋派画家たちの長老として祭り上げられながらも、没後は、その鮭の絵が一九二七年（昭和二）の「明治大正名作展」で脚光を浴び、さらに十五年戦争直後の「リアリズム論争」で問題化されるまで――あるいは、美術とテクノロジーの関係が改めて認識される一九六〇年代まで、その真価が見定められることはなかったのである。美術館において最初の高橋由一展が開かれたのが一九六四年であ

図6　高橋源吉「文久年間高橋由一油絵に使用せし用具の図」『日本』1894年８月10日

るのは、思うに決して偶然ではないのだ。

ところで、絵画におけるテクノロジーの次元においては、たとえば博物画にみられるような精緻な観察力が必要とされるのはもちろんのこと、制作過程においては、当然ながら工学的な構えを画家に要求するはずである。工学的というのは、透視画法が一種の作図法であるというようなことにかかわるばかりではない。それは物体としての絵画の組成にもかかわる事柄であった。

由一たちが西洋画法習得に取り組んだ幕末には、油絵を描こうにも出来合いの絵具はなく、カンヴァスも専用の油液もなかったから、油彩画法習得をめざす者たちは材料から作り上げてゆくほかなかった。『履歴』には、手近な間に合わせの材料によって――いわばブリコラージュによって――チューブ入りの絵具を作成するようすが克明に書き留められており、それによると、荏油（えのあぶら）と密陀僧（みつだそう）（一酸化鉛）を混ぜて日光にさらしたものに在来の顔料を混ぜて練り上げ、これをハンダの薄板で巻いて絵具チューブにするといったやり方であった(7)〔図6〕。絵具作製にかかわるこのくだりは、由一の絵が、表現性を重視する近代絵画のように、描くことに終始するものではなく、その物的基礎から徐々に作り上げていくものであったということを示している。由一にとって油絵とは、まず一個の物体としてあったのだ。由一の博物館構想「螺旋展画閣創築主意」に見出される「油画ハ風雨蠹破ノ障害アラザルニヨリ美術中永久保存スベキノ要品タルヲ以テ」(8)云々という油絵に関する文言は、由一にとって油絵というものが、その再現性においてばかりではなく、物的な永続性においても価値をもつものであったことを示している。油絵が什器のように代々伝えられるものであることを、由一は重視していたのである。由一にとって油絵は、いわば一個の工芸品であったのだ。

しかも、このことはたんなる譬喩にとどまらない。当時の油絵は、じっさいに漆工芸と近いところにあったからである。『履歴』にしるされた絵具製造の工程では「漆箆」、「麦漆」など漆にかかわる道具や材料が登場するし、一八七二年（明治五）の博覧会の出品目録（草稿）で由一の絵は「油漆画」の名で呼ばれており(9)、また、油絵の仕上げに用いられるニスの訳語には「仮漆」の語が当てられるのだ。しかも、油彩は《玉虫厨子》以来、漆工芸の加飾に用いられてきた歴史をもつのである。

これらの状況証拠から考えるに、由一は、油絵を、どうやら漆工芸をモデルとして受容していったように思われてくるのだが、このことは、由一の作画の構えを端的に示している。すなわち、物体としての絵画を材料のレヴェルから科学的な合理性に従って、あたかも工芸品のように作り上げてゆくこと——由一にとって絵画とは、このようなものであったのだ。それを先には「工学的」と称したのだが、当時の言葉によって、これを言い表すならば「工」ないしは「工業」と呼ぶべきであろう。

「工業」というと今日では、工場制機械工業のことを、まずもって意味するのだけれど、この意味が定着をみるのは産業革命を経たのちのことであって、それ以前において「工業」という言葉は、すでにふれたように、物作りに携わるさまざまな技術を——絵画や彫刻をも包んで——言い表す名称として使われていたのであった。たとえば『古事類苑』産業部の「工業総載」を開くと、大工、左官、指物師、蒔絵師、絵師、仏師など建設や製造に携わる数々の職名が古文献から拾われているのが見出される(10)。もう一つ例を挙げれば、一八七八年(明治一一)のパリ万国博参加を機に編纂された『工芸志料』は「仏工」の項を設けており(11)、「画工」の項を続編で設けることを序で予告してもいる(12)。前章で詳述したように、「工芸」という語は、この当時にあっては、現在のいわゆる工業とほぼ同義に用いられていたのであり、このことは、たとえば「工部省ヲ設クルノ旨」のなかに、「工芸」の必要を示す例として「鉄路」、「電信機」などが挙げられていることからも知られる通りである(13)。

当初「工芸」がになっていたこのような概念は、やがて「工業」がになうようになり、「工芸」の語は「美術」にかかわる工業の意味をもつようになるのだが、その過渡期の端緒において、日本初の「美術学校」が創設されることになる。

工部美術学校

日本で最初の「美術学校」は、一八七六年（明治九）に工部省の工学寮に、イタリア人教師たちを招いて設けられた。一八八七年（明治二〇）設置の東京美術学校以来、その後身の東京芸術大学美術学部に至るまで、美術学校は文部行政のもとにあるのだが、明治の初めに西洋の造型技法を学ぶための学校を設置しようとしたとき、それは工部省という鉱工業に携わる現業庁の管下に置かれることになったのである。美術史家のなかには、これを、美術のなんたるかをわきまえぬ仕業と憤慨する向きもあるようだけれど、明治初期に、西洋の造型法を「美術」の名のもとに教授する機関を設けようとするとき、幕末以来の西洋画＝テクノロジー観に照らしても、また、絵画を「工」概念で捉える江戸以来の発想からいっても、それを設ける機関は工部省を措いてほかになかったというべきだろう。

ただし、「美術」という語については、ここで注意すべきことがすくなくとも二つある。二つながら前章で述べたところだが、文脈を整えるべく改めて簡略に——ただし、多少敷衍しつつ——ふれておきたい。

ウィーン万国博ではおりしも西欧に広まりつつあったジャポネズリの流行に乗って、近世以来の工芸品が飛ぶような売れ行きを示し、不平等条約下で輸入超過に悩んでいた勧業官僚たちの注目するところとなった。すなわち、これを契機に、その後の「美術」行政はジャポネズリを常数として国粋主義的に決定されてゆくことになる。つまり、有力な輸出品として在来の工芸が日本の「美術」を代表するようになってゆくのだ。美術の現行のヒエラルキーにおいては、最も純粋に視覚的な絵画が頂点を占め、建築を別格として、工芸がその底辺に据えられていることを考えると、ウィーン万国博に端を発する以上のような動きは皮肉な興味をそそらずにはいない。「美術」の草創期において、その中心にあったのは工芸なのである。

　こうした動きのなかで、工芸の国粋主義的意匠改良をおこなうべく、在来の絵画が「美術」の根本をなすものとして改めて重要視される事態も起こってくるのだが、こうした美術上の国粋主義は、やがて政治や思想のうえへと波紋を広げてゆくことになる。竹越与三郎（三叉）が『新日本史』中巻に「今や此旧社会慕望の念は、単に美術の上に止まらず、文学の上にも起り、文学と共に、制度典章の上にも起り、制度典章より、直ちに政治思想の上にも起り、今は歴然たる政治的の意義となり」(14)云々としるしているのは、まさにこのことを指しているのである。

　また、工芸中心の美術行政の在り方については、「美術」という翻訳造語の来歴につきまとう事柄にも注意を向ける必要がある。ウィーン万国博にさいしてオーストリア当局から送付されてきた文書を和訳するにあたって、出品分類にある Kunstgewerbe, Kunst, Bildende Kunst などの Kunst に対応する語として「美術」なる語が造語されたのだが、初出の部分で対応していたのは Kunstgewerbe

すなわち今日いうところの産業芸術であり、そのことが、美術という語に工芸のニュアンスを帯びさせることになった可能性もあるのだ(15)。

以上が「美術」の語にかんして注意を促したいことのひとつ、いまひとつは、この語の初出にあたって訳官が付した註のことだ。「美術」という語が最初に出てくる箇所には「西洋ニテ音楽、画学、像ヲ作ル術、詩学等ヲ美術ト云フ」という割註が付されているのである(16)。つまり、「美術」は、現在のように視覚芸術の意味に限定されてはおらず、諸芸術の意味をもつ語として用いられ始めたわけだ。

だが、こうした語誌的背景にもかかわらず、工部省が設けた「美術学校」の「美術」とは、すでにふれたように現在と同じく視覚芸術もしくは造型芸術の意味に解されるものであった。この学校ではイタリア人教師たち――画家のフォンタネージ、彫刻家のラグーザ、そして建築家のジョヴァンニ・ヴィンチェンツォ・カペレッティらによって視覚－造型芸術が教授されたのである。つまり、意味の絞り込みがあったわけで、その動因としては、これまでみてきたとおり、貿易収支にかかわる問題意識から、工芸品が美術の中心に据えられることになったいきさつや、工業化という国家的要請が、諸芸術という意味での「美術」のなかで「工」と重なり合う部分、つまりは造型芸術を重視する発想を生んだということも考えられるわけだが、そこにはまた、視覚芸術が全芸術を代表する近代西欧の芸術システムからの影響も絡んでいたに相違なく、そうだとすれば、そのシステムを成り立たせた視覚至上主義——すなわち、視覚を近代文明の第一要件とする発想も影を落としていたと考えることができる。大久保利通がウィーン万国博の経験を踏まえて博物館の必要を太政官に訴えた一八七五年（明治八）の「博物館ノ議」に見出される視覚重視の文言——「人智ヲ開キ工芸ヲ進ルノ捷径簡易ナル方法ハ此ノ眼目ノ教ニ在ル而巳」(17)というくだりは、同文書の「眼視ノ力」という言葉とともに、視覚芸術を諸芸術の王に祭り上げ、「美術」の名を占有せしめることになった動因を正確に示していると思われるのである。

工部省という文明開化の先頭を行く現業庁が設けた「美術学校」が、視覚‐造型芸術のみを伝授したことは、それなりの影響力を斯界に与えたのにちがいない。工部美術学校でおこなわれている「脂土」（＝油土）や「石膏」による造型に高村光雲が思いを馳せたという逸話からも、そのことは、うかがうことができる(18)。しかし、それはあくまでも当事者間の狭い範囲での影響にとどまるものであったとみるべきだろう。

ところが、同校が授業を開始した翌年には、工部美術学校の意味での「美術」を、工部美術学校をはるかに凌ぐ影響力をもって社会に広める催しが幕を開けることになる。内国勧業博覧会がそれである。四五万人からの人々が訪れたこの博覧会の会場の要の位置には、日本最初の「美術館」が設けられ、そこでは工部美術学校の意味での「美術」の作物が展観に供されたのだ。視覚による近代化の推進装置である博覧会に、いかにもふさわしいこの施設は、一九〇三年（明治三六）の最終回まで内国勧業博に毎回設けられ、視覚芸術としての「美術」は、これを介して——また、博覧会について報じるジャーナリズムの言説に打ち跨って——やがて一般性を獲得してゆくことになるのである。

万国博覧会を機に造語された「美術」が視覚‐造型芸術に絞り込まれてゆく最初の筋道——工部美術学校から内国勧業博へという経路は、とりもなおさず「文明開化」の路線であり、その思想的な基調は啓蒙主義にほかならなかった。enlightenment——物質にかかわる合理性を目指す進歩の観念と光‐視覚の力への信頼とが相携える啓蒙主義的施策のなかで、「美術」は視覚‐造型芸術へ向けて最初の社会的意味限定を加えられたのだ。これは、とりもなおさず、従来の絵や彫物が、新たな光のもとで「絵画」、「彫刻」として捉えなおされることであったのだが、この再把握は、歴史的前提に従がって、とりあえず旧来の「工」概念を受け皿として開始された。次に引くのは、工部美術学校の規則にしるされた「学校ノ目的」の第一項である。文中の「百工」は工業を意味する。

一、美術学校ハ欧州近世ノ技術ヲ以テ我日本国旧来ノ職ニ移シ、百工ノ補助トナサンガ為ニ設ルモノナリ(19)。

「百工ノ補助」の具体例としては、たとえば開校当初の一時だけとはいえ、紙幣局の技生らが紙幣の製版や印刷に役立てる技術を習得するべく同校に通ったことが挙げられるし、青木茂によって詳細に調査された出身者たちの経歴(20)——東大造家学科に教え、東京高等工芸学校の校長となった松岡壽、川島織物の綴織の下絵製作に携った守住勇魚や浅井忠、写真館を開いて成功を収めた日下部(田中)美代二、印刷業を営むことになる山室(岡村)政子——も工部美術学校の「目的」にかなうものであったといえるだろう。

また、エルヴィン・フォン・ベルツの日記には、工部美術学校の成り立ちを示す興味深い記述がみられる。その一八七六年(明治九)一一月一五日の条で、工部美術学校のイタリア人教師たちを、ベルツは「洋式の御所を建てるために招聘された人たち」と呼んでいるのである(21)。この記述の背景には、東遷以来宮殿として用いていた旧江戸城西の丸御殿が一八七三年(明治六)に焼失したために、太政官が一八七六年(明治九)五月に新宮殿の建設を決定、工部省がこれを担当することになったといういきさつがある。工部美術学校の教師たちは、この新宮殿建設のために雇われたのだとベルツはいうのである。

これを裏づける史料はない。しかし、皇居焼亡後、赤坂に設けられていた仮御所の洋風建築の建設のために、ラグーザとカペレッティが寒水石の調査をおこなっていることや、ラグーザが新宮殿に据えるための天皇騎馬像や玉座の制作、それに玄関や階段などの装飾を依頼されていることは、工部美術学校が明治の新宮殿の建設となんらかの関係をもっていたことを強く印象づけずにはおかない。また、小野木重勝によると、ラグーザの弟子である菊池鑄太郎、佐野昭らも皇居の造営に加わっていた(22)。さらに傍証を求めれば、フォンタネージが日本に残した《天人図》や《神女図》(図7)の素描は、新宮殿のための壁画の下絵ではないかと青木茂が推測しており(23)、内務省による博物館建設のプランに「ボンタネジーカ(伊太利人)」がかかわったとする証言もある(24)。

以上の状況証拠は、工部美術学校が、「百工」、とりわけ建築と深いかかわりをもつ教育機関であったということを示している。それについては、かつて明治美術学会の立役者であった尾埼尚文が興味深い着想を一九八九年(平成一)の「松岡壽展」のカタログに書きしるしているので紹介しておきたい。すなわち、尾埼は、現在の工科大学にあたる「工学寮」に、「新たに「技術科」を設置し、画学・建築装飾学・彫刻学の三学課を設けたとしたら、工学部門と建築・美術部門を併せ持った画期的な大学で、工学寮が必要とした事のすべてを網羅した工学・建築・美術を併せた大学を構想したことになる、と考えるのは当を得ていないであろうか」(25)というのだ。むろん、実証しなければならないことはたくさんある。しかし、絵画が――それから建築もまた――「工」概

図7　アントニオ・フォンタネージ《神女図》1976-78年　千葉県立美術館

念で捉えられていた近世までの発想、また、高橋由一以来、西洋画法がテクノロジーにかかわる事柄として理解されてきたゆくたてを思うとき、この尾埼の推測は、すくなくとも概念史の水準では正鵠を得ているというほかないだろう。

尾埼のいう「技術科」の語は、のちに引く「工学寮へ外国教師三名傭入伺ニ付副申」という工部美術学校設立にかかわる一八七五年（明治八）の公文書に見出されるものであるのだが、結局のところ、こういう総合的な「工」科系の学校は実現されることなく、工部大学校に設けられるはずの「技術科」は、工学寮に付属する「美術学校」として相対的に独立させられてしまう。東大工学部に工部美術学校の備品が伝えられているのは、「技術科」構想の、いわば夢のなごりなのである。

ナショナリズムの勃興と工部美術学校

工部省が、工部大学の「技術科」ではなく、独立した「美術学校」を設置したという事実は、「美術」が「工」から離脱する最初の兆しとみなすことができる。そもそも「工」という領域のなかに、絵画と彫刻をひとまとめにする「美術」という外来の枠組みが官によって投げ込まれたことじたいが分離の契機であったわけだが、工部美術学校の設立は、分離の動きを隠れもないものにしたのである。尾埼は「工学・建築・美術を併せた大学」と書いているけれど、この時代には、工学、建築、美術という分野は、いまだじゅうぶんに分化されてはおらず、語誌的にみるならば、これら三つのジャンルは、むしろ、工部大学校の時代以降に形成されたとみるほうが――したがって「工」概念が、この時代には、まだ力を保っていたとみるほうが、実状に近いのだ。すでに述べたように「美術」概念の形成に工部美術学校は深くかかわっていたと考えられるわけだし、「工学」もまた工学寮にちなむ近代語であった。また、「建築」というジャンル名が一般的に定着するのは一八九七年（明治三〇）に、「造家学会」が「建築学会」と改称して以後のことに属するとみてよいだろう。学会の改名はナショナリズムにもかかわる事柄なので、その点に焦点化して、のちに改めてふれることにしたい。

「美術」という語の周囲に、現在に通ずる意味の磁場が形成されてゆく過程については、すでに、あれこれ述べてきたが、「美術」が美術となるための決定的な契機は、工業との乖離であった。「美術」は、「工」から離脱するばかりではなく、工業と相容れがたいものへと変質していかねばならなかったのである。具体的にいうと、「美術」は、本章冒頭でもふれたように絵画を主軸として、精神にかかわる事柄へと――いわば「製作」から「制作」へと、テクノロジーから芸術へと――変質してゆくことになるのである。こうした変質の最初の契機となったのは、初期の工部美術学校において中心的な役割を果たしたフォンタネージの教育であった。

ただし、フォンタネージの教えに論を進める前に、いそいで付け加えておかなければならないことがある。「美術」が美術になる動きには、「工」の変質も大きくかかわっていたということだ。明治一〇年代末以来、産業革命の進行に促されて従来の手技中心の在り方から機械工業中心の在り方へと、「工」概念じたいが大きく変化してゆくことによって——つまり、工業への転身が加速されるにつれ、絵画や彫刻のための場所が「工」の領土から削減され始めたのである。こうした変化によって、「工」という近世以来の広範な領域から、新たな意味での「工業」と、形成段階に入った「美術」とが分化し、両者のあいだにはたらく引力と斥力が、その後の「工」の在り方と命運とを決していったのである。これについては、のちにいささか詳しくみることとして、ここではフォンタネージの指導を例に、「美術」の変質に的を絞って、踏み込んだ考察を試みることにしよう。

工部美術学校が存在した一八七六年（明治九）から一八八三年（明治一六）の八年間は、自由民権運動の期間に重なっていた。一八七三年（明治六）に征韓論をめぐって明治政府が分裂、征韓論を唱える板垣退助と、外交による韓国との国交正常化をもくろむいわゆる「遣韓論」の西郷隆盛が下野して以来、一八七七年（明治一〇）の西南戦争まで、有司専制への批判と民撰議院設立を掲げるいわゆる士族民権運動が、佐賀の乱にみられるように、ほとんど叛乱の様相を呈することになる。次いで、一八八〇年（明治一三）には、国会期成同盟が結成され、また、地租軽減を政治目標に掲げる豪農層を中心に運動は農村にも広がり、そのコミュニケーション・ネットワークは、やがて、明治政府に批判的な都市民衆をも巻き込んでゆく。いわば国民運動へと発展してゆくわけだが、正確には、こうした自由民権運動のプロセスにおいて、「国民」なる存在が——「国家」にまつわる同胞意識が——自覚的に生み出されていったとみるべきだろう。すなわち、政治的ナショナリズムの台頭であり、かかる事態は、当時の「よしやしぶし」の「よしやシビルはまだ不自由でも、ポリチカルさえ自由なら」という文句に示されているとおりである。私権をさしおいて、まずは国民としての公権が求められたのだ。

第二回内国博が開かれた一八八一年（明治一四）、自由民権運動がもたらした不安定な政治状況に危機を覚えた明治政府は、一八九〇年（明治二三）の国会開設を表明する勅諭によって事態の収拾をはかり、これ以後、憲法体制の構築に着手すると同時に、国会開設をにらんで、人民の教化を政治的プログラムに組み込んでゆく。来るべき議会政治へ向けて、民心の統一をはかろうとしたわけだが、そのさい、重視されたのは「民族精神」の涵養であった。明治初年から支配層のあいだに浸透しつつあったヨハン・カスパル・ブルンチュリの民族＝国家論が提示する当為――国家は民族の伝統に根ざすべきであるというテーゼを地でゆくように、「民族精神」の人民への注入が政治のプログラムに組み込まれることになるのである。権利や権力にかかわる政治主義的ナショナリズムから精神性にかかわる文化主義的ナショナリズムへの転換が画策されたわけである。

代表的な施策としては、皇国史観にもとづく歴史‐神話教育が挙げられる。つまりは、自由民権ナショナリズムに対する公定ナショナリズムの巻き返しであるが、美術にかかわる教育もまた、公定ナショナリズムを鼓吹する一手段とみなされることになった。すなわち、それまで伝達や記録のテクノロジー教育であった「図画教育」を、民族性の自覚を育むことを目的とする「美術教育」へと改編する企てが文部官僚たちによって開始されることになるのである(26)。しかも、このような動きは、教育の場面にのみかかわることではなかった。これ以後、美術というもの自体が「民族精神」の発露として広く認識されるようになるのである。

「民族精神」とのかかわりで国家が捉えられるようになったということは、そこに幽遠なものが求められるようになったということを意味している。「精神」とは、本質的に幽遠さをそなえるものだからである。しかも、幽遠なものへの傾斜は、美術と深いかかわりをもつ。幽遠さは、イメージというものの本質的属性でもあるからだ。イメージは、眼には見えないものを遠くしのばせることで、みずから幽遠さを帯びるのである(27)。「想像の共同体」(ベネディクト・アンダーソン)としての国家の台頭である。

「政体書」以来、基本的に合理的な制度として捉えられてきた「国家」なるものに、精神性という次元が付け加えられたわけだが、しかし、明治政府による教化は、けっきょくのところ偽装された幽遠さを鼓吹するにとどまったといわなければならない。議会政治へ向けて策略を巡らす政治的功利性は幽遠さに背馳せずにはいないからである。幽遠さとは、理念的なものを遠く想定させながら、しかし、それへの具体的な通路が断たれているところに実現されるものであり、政治的功利性の追求は――宗教が、「聖なるもの」と人間を繋ぐ虚妄であるように――幽遠さを虚妄にまみれさせずにはおかないのだ。

しかしながら、政治戦術としてのナショナリズムの鼓吹が社会にもたらす効果は、動機とは別の次元で捉える必要がある。醒めた為政者と、教化される民衆のあいだの差異を無視するわけにはいかない。上からのナショナリズムは、自由民権運動以来の下からのナショナリズムと奇妙なモアレを形成し始めるのだ。美術にかんしていうと、さきにふれたように「図画教育」から「美術教育」への転換が、その最たる事例なのだが、美術における幽遠なもの、いいかえればイメージの次元は、この転換に先立って画家たちのあいだにもたらされていた。それを、もたらしたのはフォンタネージである。

産業革命へのスタンバイとして、科学的合理性の圏域に創設された工部美術学校は、すでにみたように今日のいわゆる美術学校とは、かなり趣を異にしていた。現在の美術学校はモダニズムの発想——個的表現の自律性と、ジャンルの自律性との二つの自律性を重視する発想を基本に据えているが、工部美術学校はちがっていた。すでにみたように、それは「百工ノ補助」を目的とするテクノロジーの学校として構想されたのである。

このような構想は、当然ながら教師の募集条件にも反映された。その条件とは、いったい、どのようなものであったのか。それについては、先にふれた「工学寮へ外国教師三名傭入伺ニ付副申」という一八七五年（明治八）四月二〇日付の公文書をみるに如くはない。時の工部卿伊藤博文から太政大臣三条実美に宛てた伺書である。その「覚書」から引く(28)。

日本政府其東京ノ学校ニ於テ技術科ヲ設ケ、画術并家屋装飾術及彫像術ヲ以テ日本生徒ヲ教導スベキ画工、彫工等三名ヲ傭用セント欲ス。／方今欧州ニ存スル如キ此等ノ技術ヲ日本ニ採取セント欲スルニ、今其生徒タルモノ曽テ此等ノ術ヲ全ク知ラザルモノナレバ、之ガ師タルモノハ一科ノ学術専業ノモノヨリハ却テ普通ノモノヲ得ン事ヲ欲ス。此故ニ専業ノモノハ現今此学校ノ希望スル所ニ適セズ。唯此等ノ技術ノ諸分課ヲ教導スルヲ得ベキモノヲ要スル也。（傍点引用者）

このようなもとめに応じてフォンタネージ、ラグーザらが来日することになったのだが、彼らのうち、すくなくともフォンタネージは、たんに「普通ノモノ」であったわけではない。絵画全般に通じているという意味では「普通ノモノ」であったとしても、この言いまわしがともなうニュアンス、すなわち何でも屋的な「画工」という意味合いはフォンタネージにはふさわしくない。フォンタネージは、やがてイタリア近代美術史の頁に名を残すことになる創意の画家であった。「百工ノ補助」としての「美術」、ひとことでいえば「工」の発想で人材をもとめたところに、正真正銘の美術家がやってきてしまったのだ。このことが工部美術学校のカリキュラムに影響をおよぼさないはずがない。フォンタネージは、「普通ノモノ」をもとめる明治政府の意向を汲んでデッサンの基礎から指導をおこないつつ、その講義や自作を通じて西洋絵画の鑑賞的価値について、そして、その根底を成す幽遠なイメージ性についても学生たちに多くのことを教えていったのである。

美術における幽遠なもの――フォンタネージの教え

逆光に特色のあるセピアがかったフォンタネージの風景画《テムズ河にて》は、大まかな筆跡に画家の身体の痕跡を留めつつ鬱没とした詩情を漂わせている〔図8〕。そのおもむきは、伝来の南画にも通ずるものであり、フォンタネージのこうしたスタイルは、江戸時代末期生まれの弟子たちにエスニックな親近感を催させるところがあった。彼がリソルジメント（イタリア統一運動）に参加したナショナリストであったことも、建国のパトスが横溢する自由民権世代の画学生たち――小山正太郎は植木枝盛と同じ一八五七年（安政四）生まれ、浅井忠はその一つ下――には輝かしいものに思われたのにちがいない。師風を最もよく受け継いだ浅井忠は、後年、フランス留学中の水彩画において水墨画的な感覚を見事に開花させることになるのだが、エスニシティに根ざすこうした仕事へと浅井が赴くことになる、その最初のきっかけはフォンタネージによって

図8　アントニオ・フォンタネージ《テムズ河にて》1866年　S.サンドリ・コレクション　トリノ

与えられたといってよいだろう。フォンタネージの得意とした逆光の風景は、当時の人々には汚濁の印象を与えもしたのだけれど、身体性を感じさせるその画風は、文人画にも通ずる点において親近感を生徒たちに抱かせるようなものであったことを見逃すべきではないのだ。

その傍証として、隈元謙次郎の『明治初期来朝伊太利亜美術家の研究』所載の藤雅三のノートから授業における師弟の一問一答を引いておこう。ここには巧まざる異文化間コミュニケーションが認められる。冒頭の「我」とは藤雅三、答えているのはもちろんフォンタネージ。問答は幕末以来の南画の流行を背景としている。工部美術学校に入る以前に、帆足杏雨に南画を習ったことのある藤は本格的な南画を描くことができた。

我問フテ日ク、精密ノ画及ビ磊落ノ画世ニ流行スルコト孰レカ勝レリトスルヤ。答ヘテ云フ、精密ナリト雖モ、原物ニ違背スルトキハ、磊落ニシテ其真意ヲ失ハザルヲ却テ勝レリトス。又之ニ反シテ、磊落ニシテ其原物ニ違背スルトキハ、毫モ描カザルニ如カザルベシ(29)。

フォンタネージは講義のなかで、このほかにも色の釣り合いや描写対象の削除など、画面構成にかかわる事柄を説いているのだが、高橋由一の息子源吉のものと思われるノートには、さらに踏み込んだ発言が見出される。そこでフォンタネージは、「凡写生ニ於テモ通常ノ場所ニシテ画ニ成ルベキ所ヲ選ブヲ画工ノ力ト云也」とピクチャレスクについて語り、また、「各自ノ考ヲ使用スル事要用ナリ。故ニ其天然物ニ人ノ考ヲ加ヘ一層之ヲ組立ルニヨル」云々と述べているのだ。それどころか、絵画の生命は「自己性質」であると主張し、自然描写において多少まちがいがあったとしても、「味」によってそれを打ち消すことができるとさえフォンタネージは述べているのである(30)。フォンタネージが画面にイメージ性をもたらしたというゆえんである。

藤雅三や高橋源吉のノートを併せ読むと、フォンタネージが「百工ノ補助」という工学的発想からする基礎技術の伝授に熱心であったばかりではなく、工部美術学校規則の定める「学校ノ目的」の第二項についても意を用いていたことがわかる。すなわち、その第二項には次のような文言が見出されるのだ。

一、故ニ先ヅ生徒ヲシテ美術ノ要理ヲ知テ之ヲ実地ニ施行スルコトヲ教ヘ、漸ヲ逐フテ吾邦美術ノ短所ヲ補ヒ、新ニ真写ノ風ヲ講究シテ、欧洲ノ優等ナル美術学校ト同等ノ地位ニ達セシメントス(31)。

「欧洲ノ優等ナル美術学校ト同等ノ地位」（傍点引用者）といっているが、これは、もちろん同質であることを意味するのではない。むしろ、異質さを前提としていればこそ、レヴェルの問題として語られていると考えるべきだろう。「吾邦美術ノ短所ヲ補ヒ」と述べていることに示されているように、要点はあくまでも「吾邦美術」なのであって、西洋風をめざすということではないのである。したがって、また、「新ニ真写ノ風ヲ講究」することは、写実一点張りの構えをとることではあるまい。それは、あくまでも「短所」の「補ヒ」にすぎないのだ。

工部美術学校は、いったい何をめざしていたのか、それを絞り込んで捉えようとすると、「吾邦美術」という発想に行きつく。「美術」という外来の概念が「吾邦」という言葉と結びつき、実態は不明瞭ながら、何ものにも代えがたい「吾邦美術」という観念が成立しているのだ。いいかえれば、「美術」における国家レヴェルの「自己性質」が、この文言の前提として想定されているわけである。

フォンタネージのいう「自己性質」とは、講義の文脈では作者個人にかかわる事柄であり、いわば近代芸術の常識に属する教えにすぎないのだけれど、リソルジメントにかかわったフォンタネージにとって「自己性質」とは、つきつめてゆけば個人のレヴェルには、決してとどまりえないものであったはずであり、これは、明治一〇年代から二〇年代にかけての日本の思想状況についても指摘できる事柄であった。

個の自覚は、フォンタネージを俟つまでもなく、たとえば植木枝盛が、自由民権運動のさなか、一八八〇年（明治一三）一二月三〇日の日付のもとに「人ハ須ラク自ラ世界ヲ造ルベシ」(32)としるしたように、そろそろ明確なかたちを取り始めていたのだが、それが個的な内面世界としてまがりなりにも具体化されるには、遠い迂路を経なければならなかった。個の自覚は、一旦は、集団的な「個」としての民族のレヴェルを通過しなければならなかったのである。すなわち、時代は、「自己性質」への関心を、民族国家の建設へ向けて増幅させ、やがて声高に民族性を唱える運動を出現させることになる。国粋主義が広汎に台頭してくるのだ。

美術と「国躰」

フォンタネージが病を得て一八七八年（明治一一）に離日したのと入れ替わるようにして、アメリカから弱冠二五歳のアーネスト・フェノロサが東京大学文学部に赴任してくる。専門の哲学以外に美術にも深い関心を抱くフェノロサは、来日当初は高橋由一の画塾を訪ねて、西洋画法の普及活動について語らったりしていたのだが、時を経ずして国粋派に与することとなった。古典を称揚しつつ、近代の日本文化の零落ぶりを嘆くという典型的なオリエンタリズムの発想から、フェノロサは美術における国粋派のイデオローグとなっていったのである。

国粋派フェノロサのデビューを飾ったのが一八八二年（明治一五）の有名な『美術真説』の講演である。これは、「美術」という翻訳語の意味をあきらかにすることを通して、日本在来の造型の在り方を理論的に価値づける企てであった。理論の枠組みはおおむねヘーゲルに拠っており、「美術」の本旨は「妙想」（=idea）の表現にあるというのが主張の核心なのだが、フェノロサは、かかる西洋的発想から「日本画」の優秀性を弁証し、また、再現性への衝迫に支配されがちであった当時の西洋派の画家たちを「理学ノ一派」にすぎないと批判したのである(33)。

ただし、フェノロサのこの西洋画批判は必ずしも当を得たものとはいえない。西洋派の拠点ともいうべき工部美術学校の教師が、「天然物ニ人ノ考ヲ加ヘ一層之ヲ組立ル」ことを教え、絵画の核心は「自己性質」をいかに打ち出すかにあると、すでに教えていたのだから、西洋派の最も若い世代に属する画家の一部は――すくなくとも意識のうえでは――「理学ノ一派」であることから芸術へと向けて脱却しつつあったとみるべきなのだ。『美術真説』のフェノロサは、写実への偏りを戒めて、「能画家ハ常ニ択ンデ美術ノ形質ヲ具スルモノヲ採取スルモノトス」と述べているが(34)、これは「画ニナルベキ所ヲ選ブヲ画工ノ力ト云也」と教えたフォンタネージの弟子たちにとっては先刻承知のことであった。

西欧においても、すでに若い画家たちが、大きな絵画の変革を実行に移しつつあった。フォンタネージも、その重要な一人だが、モネ、ドガ、ルノワール、セザンヌ、ピサロ、シスレーらが、のちに「第一回印象派展」と呼ばれることになる展覧会を開いて、自然主義の臨界点を示したのは一八七四年（明治七）のことであったし、それ以前から、フェノロサ自身『美術真説』のなかで「欧洲ノ画家輓近漸ク掛額トナスベキ画ヲ輟メ、更ニ宮殿若クハ寺院等ノ内部ニ就テ広潤ナル装飾ヲナサントス」(35)と述べているように装飾的な壁画がさかんに制作されるようになってもいた。ナポレオン三世の治世下、一八五〇年代から七〇年代にかけてパリの大改造がおこなわれた頃のことである。

ただし、フェノロサが二番煎じにすぎないとか、西洋派に関する批判がデマゴギーであったなどといいたいのではない。すくなくとも当時の日本においては、西洋派の画家たちの多くが「理学」的な再現性にみずからの社会的存在理由を見出していたのは否定すべくもないことだし、高橋由一などは、再現性をアピールするべく、卑俗な日常の事物をことさらに描き出すことさえしていたのであった。そうであればこそフォンタネージも、講義において「自己性質」や「各自ノ考」を強調しなければならず、フェノロサもまた、批語を投げかけなければならなかったのだ。つまり、かたや西洋派、こなた国粋派とそれぞれ帰属を異にする二人の西洋人が、ほぼ同じ時期に「美術」観の大きな転換を準備したという、そのことが重要なのである。しかも、彼らが語ったところは、西洋近代を生きる芸術家にとっては、ごくあたりまえの事柄であった。この二人の西洋人は、一般にいわれるほど遠い存在ではないのである。

彼らの共通点は、「工」概念とのかかわりについても指摘できる。まず、両者は「美術」を、テクノロジーにもとづく工業から区別する点において一致している。フォンタネージが、たんなる迫真性にとどまらない非テクノロジカルな絵画の魅力——藤雅三のノートのなかの言葉でいえば、「画ノ画タル所以」(36)を説いたように、『美術真説』のフェノロサは「妙想」(=idea)の語を以て絵画の絵画たる所以を説き、そこから次のように「美術家」を定義したのであった。

故ニ美術家ヲ以テ通常職工ト同視シ或ハ人ニ役セラル、賤劣ノ工人トナスハ、甚ダ失当トナス。寧ロ之ヲ称シテ万象教会ニ於ケル高徳ノ僧ト請フモ誣ヒザルナリ(37)。

龍池会による同書の「緒言」には「美術ノ工業」という言葉が見出されるが(38)、フェノロサは、もはや、そうした発想に捕われてはいない。フェノロサにとって「美術」は、むしろ宗教に近い存在だったのである。フェノロサのこの講演がおこなわれたのは第二回内国博の翌年、明治憲法体制構築へ向けて「民族精神」の涵養を目指す国民教化が本格化してゆく時期にあたっていた。

「工」ないし工業一般から区別される「美術」の特殊性が見定められてゆく過程は、「美術」じたいの「自己性質」が問い質されてゆく過程にほかならなかった。フォンタネージの「自己性質」とは、先にも述べたように直接には作者本人の個性のことを指すのだが、これを一般化して捉え返すならば、「美術」というジャンルの個別性の重視でもありうるのだ。さらに、個別性重視の発想は、すでに述べたように民族や国家の個別性にも通ずるものであり、これら幾重にも見出される個別性への傾きは、たがいに連動する関係にあった。「美術」というジャンルの個別性に照準しながら、その連動についてみてゆくことにしよう。

個と集団の別をわきまえない行論が危険であることは承知しているつもりだが、個別性を重視する発想が、個人から民族へと、大きな時代的要請を受けて同心円状に広がり、その広がりのなかで「美術」が、求心的にその個別性を明かされてゆくというダイナミズムが歴史にみとめられることは否定しようがない。しかも、こうした同心円的発想が、思考のかたちとして、この当時において一般性をもつものであったことは、『学問のすゝめ』の「一身独立して一国独立する」(39)という言葉に端的に示されている通りである。「地球元来同一気」(40)という信念のもとに油絵の普及に努めた高橋由一の健康な啓蒙主義の地点から、時代は、「自己性質」をめぐって大きく回転し始めていたのだ。個と集団の別をわきまえない発想は、この当時の思想状況じたいに内在していたのである。

宮川透は『日本精神史への序論』のなかで、明治一〇年代から二〇年代へかけての思想の動きについて、問題は、啓蒙主義がじゅうぶんに展開されることなく「早期のうちに民族的個別的な世界の論理として、また特殊的内面的な感情の世界の論理として、屈折していった点」にあるとして、かかる「屈折」を「啓蒙主義からロマン主義への過程」と要約しつつ、そこにおいて日本回帰の運動が起こったことを指摘しているが(41)、同様の「屈折」は、すでにいささかふれたように、美術史のうえにもみとめられる。

ただし、ここで注意をしなければならないのは、いわゆる「美術史」なるものがまずあって、そこにおいて「屈折」が起こったのではないということだ。この「屈折」において「美術」は——したがって「美術史」もまた——「工」から完全に離脱する契機をつかみ、美術独自の在り方を形成してゆくことになるのである。精神史上にあらわれた明治の「ロマン主義」は、「工」から生まれ出ようとする「美術」に、理念や自己や内面の次元を与えることで、現在の意味での「美術」を——「工」としての在り方を、そして経済的動機に発する素朴な国粋主義を超えて——創出していったのだ。

政治上のロマン主義の運動は、日本回帰ともみえながら、じつは、江戸時代までに形成されたエスニシティを超えて、「日本」のナショナリティを創出しようとするアクティヴな近代化の動きであった。このような動きが、すでに自由民権運動において胚胎していたことは、すでにみたとおりだが、その過程において美術は、ロマン主義的な自国の歴史や神話になずむようになってゆく。これもまた一見、前近代への回帰とみえて、そのじつ近代化に与する動きであったとみることができる。ロマン主義的な画題によってネイションの形成に関与したからであり、しかも、西洋派の場合は、テクノロジカルな近代画法を駆使することによってこれを行ったのだ。ただし、テクノロジカルな発想でロマン主義的な画面を形成するということは矛盾をはらまずにはいない。それは、合理主義による非合理なものの実現にほかならないからである。江戸時代以来の「工」的発想を引き継ぐ合理性に翳が生じたわけであり、これを契機として「美術」は大きく変質してゆくことになる。あるいは、「美術」は、ここにおいて美術への決定的な一歩を踏み出すことになるのである。

エスニシティからナショナリティへの転換については註釈が必要かもしれない。日本列島における文化的混淆ないし均一化は、古代の舎人制度や近世の参勤交代によって——とりわけ首府の文化の地方への伝播のかたちで――明治を俟つまでもなく、すでに進行していたからである。また、海禁政策やキリスト教禁止令のような、文化的他者の設定による統合性の強化も行われていた。しかし、そこから直接的にネイションが生まれたわけではない。これについては、アントニー・D・スミスが『ネイションとエスニシティ』のなかで、次のような説を述べている。文中の「エトニ」(=ethnie)は、フランス語から採られたスミス独自の術語で、血縁関係に帰されることのない集団における文化的類似性を示す。スミスは、中世末から近世初頭にかけてイングランド、スウェーデン、ロシア、スペインでは、ひとびとを同質化して「エスニックな国家」をつくりだすことが試みられたとして、こうつづけている。

同じように、日本でも、鎌倉幕府、室町幕府、とくに徳川幕府は、日本に一つの同じ文化的単位を与えようとし、封建国家の統一のために、少数派や異邦人を管理しようとした。こうした試みはいずれも、ナショナリズムによって引き起こされたものでないし、文化的な自律という理想によるものでもない。これらは、支配者と支配階級の諸派が、内外の敵に対して、自分たちの地位を守り、大多数の人々に忠誠の基盤を与えるという必要から、生じたものであった。だが、こうした関心の副産物として、明確なエスニックな政治体が、明らかに成長してくる。それは、大多数の人々が単一のエトニによって構成された、政治体を意味している。つまり、この政治体は、程度のちがいはあるものの、下層の被支配層を、支配者であるエリートの文化と象徴体系の中に、編入したものにほかならない(42)。

文中に「ナショナリズムによって引き起こされたものでない」とあるのは、スミスが「イデオロギーとしての、また運動としてのナショナリズムは、完全に近代的な現象である」(43)と考えているからであり、また、エトニの政治体が、近代的な概念としての「ネイション」になるためには、「三つの革命」――(一)商業や交易パターンの変化、(二)行政、戦争、外交の性格変化、(三)世俗的な知識階級、大衆文化、大衆教育の登場――を経て、「領土的に中央集権化され、政治化され、法的・経済的に統一された単位になる必要がある」(44)という考えに立っているからである。

江戸時代までの「工」のある部分が「美術」へと再編される過程と、ネイション創出の過程とをパラレルな関係とみなしうるのは、いずれもが「完全に近代的な現象」として捉えられるからであり、その場合、「工」がエトニに、「美術」がネイションになぞらえられることはいうまでもあるまい。もちろん、ネイションの創出と美術の創出のかかわりについては、さらに踏み込んだ考察を必要とするのだけれど、ここは、国粋主義運動じたいが「美術」と国家を同一視する発想に依拠していたことを踏まえて論をすすめてゆくことにしたい。東京美術学校が設置された一ケ月後のある講演で、フェノロサは、同校の創設に深くかかわったみずからの主張を振り返って、「日本美術は固有の妙所あり、之を維持するは日本の国躰を維持すると同一なれば、国躰上より之を保存発達せざるべからず」(45)と要約してみせているのである。

美術と「国躰」とを同定するこのような発想は、美術行政上の国粋主義の政治的深化が、明治憲法体制の構築とパラレルな関係にあったことを示唆している。先にもしるしたように、自由民権運動の闘争目標を奪うようにして、体制内部に憲法体制構築の動きが本格化すると、明治政府は、さっそく国民——明治憲法の言葉でいえば「日本臣民」——の造型にとりかかるのだが、これとフェノロサが国粋主義に与するようになるのは時を同じくしており、しかも、フェノロサの転身は、国粋主義的美術行政の政治的深化と結びついていたのである。表現思想史においても、宮川透が先に引いた『日本精神史への序論』のくだりにすぐつづけて指摘しているような事態が見出されるのだ。すなわち、自由民権運動を、いわば反動的に継承するかたちで、「日本」への志向が、「啓蒙主義からロマン主義への転化の方向にたち現われた」(46)のであった。こうして、ウィーン万国博を機に起こった造型上の素朴な国粋主義は造型の埒を超え、経済的功利性を超えて、竹越与三郎のいうように「制度典章より、直ちに政治思想の上にも起り、今は歴然たる政治的の意義」へと——ナショナリズムの面目をあきらかにしつつ——転化していったのである。

国家は「文化的共同体」たる民族の伝統に根ざすべきことを主張するブルンチュリの『一般国家法』の一章が「族民的の建国並びに族民主義」の題で『独逸学協会雑誌』に訳出されたのが一八八七年（明

治二〇）(47)、「皇祖皇宗」の神話的な徳性を理念とする「教育勅語」が、帝国議会の開設とセットで発布されるのが一八九〇年（明治二三）のことであるが、政治的にナショナリズムが深化してゆくその過程は、とりもなおさず、「美術」が、国家建設の思想的原動力たるロマン主義的ナショナリズムを内在化させてゆく過程でもあった。啓蒙主義の精神圏に発祥した「美術」は、憲法体制構築の動きを契機として、民族という神話に帰着したのである。

国粋派と西洋派――幽遠さの追求

日本近代において、「美術」をイメージの幽遠さへと最初に方向づけたのはフォンタネージであったと考えられるのだが、それに理論的な筋道をつけたのはフェノロサであった。『美術真説』のフェノロサが、ヘーゲルにもとづいて述べたところ――美術は理念（＝「妙想」）をこそ表現するべきであり、したがって美術家は「工人」などではなく「高徳ノ僧」に匹敵する存在であるとする主張は、美術を「工」から切り離し、幽遠さのなかに置き直そうとする方向性を内在させるものであったのだ。そして、かかる発想ゆえに、この講演においてフェノロサは、論の中心に絵画を据えたのであった。幽遠なイメージ性は絵画においてこそ存分に発揮されるからである。

とはいえ、もちろん彫刻がイメージ性を帯びないわけではない。しかしながら、物象として成り立つ彫刻は、絵画に比して――そのあからさまな現前性において――幽遠さに欠ける。つまり、イメージという捉えがたいものと背反する次元をともなうのだ。イメージは、事物の不在を、したがって、視覚を超えることを存立の前提としており、それゆえ、実在の芸術である彫刻は、イメージにおける幽遠さと背馳する性格を帯びるのである。だからこそ、イコノクラスムにおいて丸彫りの像は、最後まで排斥されることになったのだ。彫像の実在性は、神の顕現を想わせる力をもちうるからである。むろん、絵画もまた絵具や支持体の次元において実在性をもちはするものの、それは挙げて、イマジナリーなものへと供されているのである。

ただし、絵画が一目で全体を見ることが可能であるのに対して、裏も表もある彫刻は、その全体を捉えるために記憶表象や想像表象の助けを必要とすること、また、古代や現代の彫刻には彩色されたものが見出され、そこにはあきらかにイメージを志向するイリュージョニズムがはたらいていること、この二点を踏まえるならば、彫刻のイメージ性について別の議論を展開することも可能ではあるものの、しかし、それでもなお、幽遠さにかんしては、絵画の優位を認めざるをえない。それじたいイリュージョナルな存在である直立する平面を場として成り立つ絵画が、イメージの実現において、彫刻よりも優れた結果をもたらす条件に恵まれているのは否めないのだ。彫刻は、それがいかにイマジナリーな次元を志向したとしても、可触性をともなう実在の芸術であることを――絵画が絵具という物質で造られていることを描写によって曖昧化しうるのとは異なり――隠しおおせはしないのである。

ちなみにいえば、ウィーン万国博にさいして、彫刻は「像ヲ作ル術」と称されたわけだが、この「像」を、単純にイメージと同視するわけにはいかない。イメージは、しばしば「像」と訳されるものの、「像」は、ほんらい立体を指す語であり、そこには現前性への傾きが備わっているのである。

　彫刻が、絵画の次位に位置づけられる現行のジャンルの序列は、このようにイメージ性の度合いに即して捉えることができるのだが、同じ事由が、彫刻と同じく実在性を基本とする工芸の地位決定にも大きく作用したことはいうまでもない。彫刻の地位をめぐって指摘できる上記のような事柄――実在性や可触性に由来する反イメージ性――は、美術における工芸の地位をも決定づけたのである。

　しかも、美術におけるイメージ性への志向は、彫刻と工芸の地位関係にもかかわっていた。すなわち両者の差別は、イメージ性の多寡に由来しているのである。工芸においても、時間的イリュージョンとしての古色を擬装したり、技術の伝承性によってナショナリティのイメージを誇示したり、あるいは、加飾によって、より直接的にイメージ性が付与されることさえあるとしても、工芸が工芸である以上、それらは機能形態の事物的現実性を凌駕するものでは、ついにありえない。しかも、機能形態を目指す工芸は、しばしば彫刻以上にイメージ性を抑圧する造作をみせる。つまり、事物としての在り方へと強く傾く。逆にいえば、彫刻はイメージ性にかんして、工芸よりも、まだしも自由な立場にある。つまり、彫刻は、イメージ性において工芸より優位に立ちうるのである。

　こうして彫刻は工芸の上位を占めることになったのだが、その関係は、あくまでもイメージ性の度合いにかかわる相対的なものにすぎない。同じことは、絵画と、他ジャンルとの関係についても指摘できる。しかしながら、近代の絵画はイメージのイリュージョナルな形成を存在理由としてきたのであり、この点において、近代絵画は、彫刻と工芸を決定的に凌駕している。つまり、近代の絵画にってイメージは絶対的なものなのだ。最も視覚性の強いジャンルでありながら、視覚を超えるイメージを身上とする点において――つまり、視覚性と、非視覚的な幽遠さという二重の意味において――ナショナリズム勃興以後の絵画は、美術の頂点に確固たる地位を獲得することになるのである。

ところで、先にみたようなフェノロサの絵画論は、ヘーゲル美学を踏まえつつ、画面における理念の現成を説くものであり、この点に注目するならば、イメージの幽遠さと齟齬するということもできる。理念はイメージではないからである。つまり、幽遠さへの志向をはらむイメージを理念への志向によって絵画に附与しながら、理念そのものを目指すことでイメージを無化する傾斜のうえにフェノロサの論は成り立っているのだ。フェノロサにとって、イメージとは、けっきょくのところ精神のまとう衣にすぎず、絶対精神の顕現に至るプロセスの一段階でしかなかったのである。

しかし、フェノロサが、理念的な次元を美術にもたらしたことの現実的な効果は、このような理路とは別に捉えられねばならない。フェノロサの言説が、美術に携わる者たちのあいだに、幽遠なるものへの希求を誘発したとみることは決して不可能ではないからだ。すぐれた制作実践は、理論の限界を越えておこなわれるはずなのである。たとえば、いささか時代はくだるものの、明治三〇年代初頭

図９　横山大観《屈原》 1898年　厳島神社

に始まる「朦朧体」の実験は、たとえば横山大観の《屈原》（一八九八年）〔図９〕に見られるように、絵画が幽遠なものを求め始めたことを示す格好の事例といえる。佐藤道信は、これを、日本美術院でおこなわれていた音曲による実験的な課題制作と関連づけて捉え返しつつ、課題制作の意義を「イメージや理念の表出と、表現の暗示性」にあったと指摘しているが(48)、「イメージや理念」にかかわる「暗示性」とは、イメージにまつわる幽遠さを述べたものと受け取って大過あるまい。

ただし、事柄は、いわゆる国粋系の絵画にばかりかかわるわけではない。むしろロマン主義的画題は西洋派において早くあらわれた。そのいきさつを簡単にみておくことにしよう。

西洋派の造型に対する国家の価値づけは、明治初期には、主としてテクノロジーに特化された「工」的側面に着目しておこなわれたのだが、明治一〇年代に入って美術の機軸を「国躰」にもとめる国粋主義的な美術行政が支配するようになると、西洋派の造型家たちは「工」的な在り方のみによっては国家の後ろ盾を期待できなくなった。これは、彼らがテクノクラート的発想から離脱する重要な契機となったはずである。いいかえれば、彼らは「美術」としての絵画の在り方を真剣に問わざるをえないところに追い込まれたのだ。フォンタネージのいう「各自ノ考ヲ使用スルコト要用ナリ」という教えを否が応でも実践せざるをえないところに立ち至ったわけである。

だが、彼らは、「各自ノ考」を絵画や彫刻に表すことをただちに開始したわけではなかった。その始点に至りつくのに、彼らは、時代が準備した迂回路を経なければならなかった。彼らは個としての「自己性質」を、いまだ画因にまで錬成することができず、したがってみずからの主題を把握しえないまま、「美術」観の転換期に直面することとなったのだ。一八九〇年（明治二三）――この年は大日本帝国憲法発布の翌年、第一回通常議会が召集され、「教育勅語」が発布された年にあたる――に開かれた第三回内国勧業博覧会に、西洋派の代表的な画家たちは――暗い雲の彼方に幽邃な水平線を垣間見せる原田直次郎の《騎龍観音》（一八九〇年）〔図10〕にみられるように――神話・歴史主題を以て臨

図10　原田直次郎《騎龍観音》1890年　重要文化財　東京国立近代美術館（護国寺寄託）

むことになるのである。内国絵画共進会で国家の後ろ盾を得た国粋派が、技法‐材料の次元においてもナショナリズムを誇示しうるのに対して、西洋派は、油彩や水彩というアンチ・ナショナルな技法‐材料に拠らざるをえないがゆえに、その代償として、イメージ性を強調しつつ、主題における国粋化へと急角度で突き進んでいったのだ。つまり、テクノロジーとは異なる次元における「国用」の誇示である。

前章でみたように同じ回の内国博で、絵画を首位に据える「美術」の内的ジャンルの再編成がおこなわれたということも、「美術」の何たるかについて、認識が深化したことを示している。つまり、イメージにかかわる技としての美術の在り方が制度的に示されることになったわけだ。国家がイメージの次元を求め始めるのと足並みをそろえるようにして、美術もイメージの次元を求め始めたのである。

第三回内国博において絵画が優位を占めるに至った第一の事由は、西洋におけるジャンル体制の模倣に求められるとして、しかし、そこには、明治日本における政治状況の変化も絡んでいたのであり、外山正一は、それゆえに生じた神話・歴史主題への接近を批判して「画人ハ信ズル所アッテ始メテ画クコトヲ努メヨ、感動スル所アッテ始メテ画クコトヲ努メヨ、「インスピレイション」ヲ得テ始メテ画クコトヲ努メヨ」(49)と述べたが、外山の指摘する主題の真空地帯に「国躰」の観念が急速に流れ込んでゆくのは、まさに同時代的な「インスピレイション」のしわざだったのである。

かかる造型分野におけるナショナリズムの芽生えは、外交的な場面においては、たとえばウィーン万国博を機に高橋由一が企てた巨大な富士山の絵に見られるように早くからみとめられる。幕末に由一が書いた「洋画局的言」の「国家日用人事ニ関係スルコト軽キニ非ズ」という言葉のなかにもその芽生えを見出すことができるだろう(50)。しかしながら、それが、政策的、思想的次元をともなうナショナリズムとして明確な姿を示すには明治二〇年代を俟たなければならなかったのだ。ナショナリズムの芽生えは、先に引いたスミスに倣って「エトニ」の語を以て語るべきなのである。

『美術真説』の講演と出版が一八八二年（明治一五）、これと同じ年に、油絵の受け付けを拒絶した内国絵画共進会が農商務省の主管で開かれ、この翌年には工部美術学校が廃校になってしまう。そして、工部美術学校に次ぐ第二の官立美術学校である東京美術学校が国粋的な授業内容をもって開校するのが一八八九年（明治二二）、同じ年に国粋派の雑誌『国華』が創刊され、翌年には第三回内国勧業博出品の絵画において神話・歴史主題が花ひらき、帝室技芸員制度が施行されて、国粋主義的美術行政が広く深く美術界にゆきわたり、権力と結んだ国粋派によって西洋派は圧伏されてしまう……従来の日本近代美術史は、しばしば、このような図式で明治一〇年代後半以降の「美術」史を捉えてきた。以上の論も、おおむね、こうした流れで「美術」の史的展開をみてきたつもりである。

しかし、ここで注意を促したいのは、国粋主義の運動と欧化主義の運動を対立の相でばかり捉えると、歴史の機微を見失うおそれがあるということだ。つまり、国粋主義は、たんなる反動ではないし、西洋派も、たんなる進歩主義ではない。事はそれほど単純ではないのだ。先にフォンタネージとフェノロサの言動を一つながりのものとしてみる見方によって示唆したかったのは、こういうことであり、第三回内国博における西洋派の動きも、それを証している。

国粋派といわれる存在は、藤岡作太郎が『近世絵画史』で「国粋発揮は即ち外国輸入の結果なり」と喝破したように(51)、じつは欧化の筋道に展開された運動であった。この逆説的事態を理解するには、事柄を構造的に押さえてかかる必要がある。明治二〇年代における西洋派の国粋主義への傾斜は画題において隠れもないが、国粋派の欧化への傾斜は、必ずしも明示的ではないからだ。それが明示的でないのは、「国粋主義」という概念じたいが西欧的なものを前提にして成り立っているからにほかならない。そもそも「国粋」とは、ネイションとしての「日本」にかかわる事柄、つまり一九世紀西洋の国家観念にもとづく、すぐれて近代的な発想であるのだが、このことが見えにくいのは、よく磨かれた鏡が、それじたいとしては見えにくいのと同じ理屈である。そこに映し出されるものに目を奪われているとき、それを映し出している鏡の存在を、ひとは多くの場合、見忘れているのである。同じことは、学校制度についても指摘できる。国粋主義運動の精華である東京美術学校は、江戸伝来の画法と江戸仏師系の木彫、それに伝統的工芸技法を教授したのみで、西洋派を排除したのだけれど、この学校は、欧化がもたらした「美術」という近代的概念のもとに設立されたのであり、「学制」にもとづく「学校」もまた、西欧近代から移植されたものであったのだ。

ナショナリズムと「工」

ウィーン万国博を大きな契機として、日本の美術行政は、西洋におけるジャポネズリへの対応を模索し始める。その基軸となったのは、江戸以来の手工品を、オリエンタリズムに適合するようにリデザインする企てであり、その動因は経済的な危機意識——急速な近代化にともなう西洋からの輸入の超過をいかにして緩和するかという問題であり、また、国民経済確立の模索であった。しかし、動因はこれにとどまらない。そこには、西欧という鏡に映るおのれの姿をなぞることで、自己像を確立しようとするナショナル・アイデンティティの模索＝創出の企ても絡んでいた。いってみれば、日本は、嬰児における「鏡像段階」（ジャック・ラカン）に等しい経験をしつつあったのだ。具体的にいえば、西洋で人気を博す工芸品を作り出す手技を——それがはらむコノテーションを——鏡像を手がかりに捉え直すことで、まとまりのあるナショナリティに転化しようとする発想であり、この「鏡像段階」の記憶は、日本国民の「日本」イメージを規定しつつ、遠く現在にまで及んでいる。その内実を、一言でいえば「セルフ・オリエンタリズム」と称することができるだろう。

ようするに近代化の一環としてのナショナリティの形成において、江戸時代までの「工」が重要な役割を果たしたということだが、逆に、「工」の近代化過程が——それは「工」の解体過程にほかならないのだけれど——ナショナリスティックな想念によって促されたとみることもできる。農業を主産業とする日本を工業社会へと改変することで国民経済を確立しようとする意志は、工部省の設置にも、鉱工業を重視する初期の内国勧業博覧会の分類にもみてとれるところであり、このことから明治初期の——すくなくとも明治一〇年代末に産業革命が進発する直前までの——工業化のプロセスは、「日本」という近代国家を成り立たせようとするナショナリスティックな思いに深くかかわっていたと考えられるのだ(52)。近代化の初期の動きは、合理性、普遍性、進歩主義によって動機づけられていたばかりではなく、潜勢的なナショナリズム、いいかえればプレ・ナショナリズムによって動機づけられてもいたのである。

さきに、美術のナショナリズムを、「自己性質」の真空地帯への「国躰」の進駐として考察したが、いま述べたような観点からすれば、それを「工」の近代化とのかかわりで捉え返すこともできる。ナショナル・アイデンティティ形成の契機ともなった「工」の在り方——手技のコノテーションとしてのナショリティは、内国絵画共進会において墨‐膠系の技法‐材料を以て正統な日本画法と定めたときに求められたところでもあったのだ。このような見方に立つならば、工芸的諸技法を排除した絵画共進会は、じつは「工」的レベルで日本絵画を規定する企てであったということもできるのである。しかし、それもつかのま、江戸以来の「工」概念は解体の憂き目をみることになる。

前章で引いた博覧会官僚山本五郎の「美術ト工業トノ区別」と題する講演の記録は、「工」と「美術」の関係解消にかんする最後通牒のような響きを帯びている。山本は、そこで「工業は独逸語ゲウェルベ、美術は同クンストにして正しく其間に区別あるものなり」と断じたのであった(53)。「美術」という翻訳語の初出時に、この語と対応していたKunstgewerbeが、理論的にKunstとGewerbeに分離されたわけだが、これは、旧来の「工」概念の解体と裏表の関係にあった。このことは、すでに述べたところから容易に了解できるところと思われるが、多少異なる観点から、改めて説明しておこう。

実用性をめざす製造技術と、鑑賞性をめざす絵画や彫刻の制作術とが、ふたつながら含まれていた「工」においては、実用的なファンクショナリティと鑑賞性をともなうファインネスの兼備を以て善しとする技術観が、いわば職人の倫理としてはたらいていた。江戸時代以来の「工」概念においては、実用的な器物もまた、fineであることを求められたのであり、fineであることによって専ら鑑賞性をめざすはずの絵画や彫刻は、たとえば障屏画や陶磁器の絵付にみられるように、逆に、しばしば実用的なfunctionを求められたのである。KunstとGewerbeの分離をめざす動きが、こうした「工」の在り方に対する否定性をともなうことはいうまでもない。

もちろんKunstgewerbeという熟語が分解されるのと、「工」概念が分解されるのとでは、その意味合いが決定的に異なっている。熟語Kunstgewerbeの分解は、いわば折衷の解消であり、概念の純化だが、「工」の分解は、概念じたいの解体にほかならないからだ。とはいえ、西洋的な概念の受容と、それに類似する在来概念の解体とが裏表の関係にあることは——たとえば「国家」と「社稷」の関係にみられるように——近代化の過程では決してめずらしいことではなかった。しかも、西洋的な概念の受容は、普遍性への接近と、しばしば信じられた。「工」概念の解体過程は、西洋をモデルとする近代的な分業と分類の意識からすれば、普遍性へ向けての純化の過程と裏表の関係にあったわけだ。

これは、むろん、たんなる概念史の問題にとどまる事柄ではない。「工業」と「美術」という二つの概念の純化と「工」概念の解体の過程は、明治一〇年代末以降の産業革命の進展によっても推し進められた。山本五郎の発言は、たんなる概念規定にとどまるものではなく、産業革命の進展を踏まえた実践論でもあったのだ。これを一言でまとめれば、産業革命は分類革命でもあったということになるだろう。

ともあれ、こうして、近世以来の「工」という領域は、「美術」概念の移植と産業革命の進展によって「工業」と「美術」へと分解され、その結果として「工」概念は歴史の後景に退いてゆくことになるのである。

ところで、産業革命の進展にともなって、山本五郎のいうように「工業」が「化学、重学等の学理」に明確に基礎づけられ、機械化が急テンポで推し進められるようになると、明治初期の輸出工芸に見出されるような手技のコノテーションとしてのプレ・ナショナリズムは、「工業」において行き場を失うことになる。その受け皿となったのが、近代制度としての「美術」であった。「工業」の近代化は、「工」概念の解体と相俟って、プレ・ナショナリズムが、「美術」においてナショナリズムとして発現するのを助長したのであり、げんに、ナショナリズムは、山本五郎の講演がおこなわれた明治二〇年代初頭から、「美術」の実質的な主題となってゆくのである。画家たちの動向についてはすでに述べたが、彫刻家たちもまた国家的なモニュメントの制作にいそしむことでナショナリズムを実体化してゆくことになるのである。

夫レ美術ハ国ノ精華ナリ。国民ノ尊敬、欽慕、愛重、企望スル所ノ意象観念、渾化凝結シテ形相ヲ成シタルモノナリ(54)。

岡倉天心が草したとみられる『国華』創刊の辞に「百工」の文字はすでにない。「美術」は、「工業」という実業を離れ、国家の「精華」となった。創刊の辞には、「工業経済ノ道ヲ開致セズンバアルベカラズ」(55)というくだりが見出されるものの、これはほんの申し訳でしかない。このくだりには空疎な響きがある。

天心の関心の中心にはナショナリズムがあった。潜勢的なナショナリズムを現勢的なそれへと転じ、「美術」の主題に据えることが天心の為すべきことであった。『国華』創刊の辞が来たるべき絵画として挙げたのは「歴史画」であり、来たるべき彫刻として称揚したのは国家的英雄の「銅像」であった。これは、江戸以来の「工」からすでに離脱し始めていた「美術」にとっての指針であり、また、離脱への促しでもあり、さらには、離脱の事実そのものでもあった。

離脱の事実を示す事例はこれに尽きない。たとえば、この国の博物館は一八七二年（明治五）の草創以来、工業を含む博物館として運営されてきたのだが、一八八九年（明治二二）に帝国博物館となって以来、歴史および美術への傾きを強めてゆき、帝国博物館では存置されていた工業部門は、一九〇〇年（明治三三）に帝室博物館となるや博物館から姿を消してしまう。ここには、工業と美術を切り離そうとする志向が制度的なかたちをとって示されている。幽遠なものとのかかわりで美術を国家に引きつける発想の結果だが、ここには、博物館が、文明開化の装置から国家のシンボルへと変質してゆくプロセスもみてとることができる。こうした博物館の在り方は植民地政策において——礼拝拠点としての神社とともに——最大限に活用されることになるだろう。

もっとも、帝国博物館設置と同時期の第三回内国博における「美術工業」と「工業」の内容を照らし合わせてみると、陶器、七宝、金工、漆器など、多くのジャンルが重なっているのだが、しかし、これを以て、両者の区分の曖昧さを言い立てることはできない。すなわち、第一回と第二回の内国博と同日に語ることはできない。この回から「美術」部門においては鑑査制度が設けられ、美術と非美術の選別が明確におこなわれるようになったのである(56)。「美術」と非美術のあいだに、出品物の質的差異にかかわる境界線が引かれたのだ。

かえりみれば第一回内国博においても「美術」部門に「但此区ハ書画、写真、其他総テ製品ノ精巧ニシテ其微妙ナル所ヲ示ス者トス」とあって工業（＝実用）製品との区別がおこなわれていたものの、前章で述べたごとくその区別はいたって曖昧なものであった(57)。それが、第三回の鑑査導入によって制度的に明確化されたのである。公権力が「美術」を価値概念として確立しようと企図したわけであり、同時にこれは「美術」内部の価値序列を決定することでもあった。前章で、いささか詳しくみたように、筆頭に絵画が置かれ、次に彫刻が位置づけられ、最後に工芸がくる現行の美術のヒエラルキーが――つまり、視覚芸術としての価値体系が、この回に至って内国博の分類に示されることになったのである。

ただし、絵画を頂点に据える価値観が、たんに知覚としての「見ること」にかかわるばかりではなく、イメージ性にかかわるものであったことにも、注意を払う必要がある。現実には事物でありながら、その事物性においてではなくイメージの媒体であることによって、いいかえれば、作品としての事物性を超えてフレームの内奥へと――その幽遠なる消失点へと――見る者の意識を誘うがゆえに、絵画が重視されるようになっていったのだ。

「工」においては、手仕事性を介してなだらかにつながっていた美術と工業のあいだに、以上のようにして深い亀裂が走り抜けることになるのだが、岡倉天心ひきいる東京美術学校が、当初から建築を専修科目に数えながら、そのじつ大正期まで有名無実の存在に据え置いたことにも、美術と工業の冷え切った関係をみてとることができる。天心は、美術学校における建築の教育には乗り気ではなく、本来それは工科大学の「造家」学科においておこなわれるべきだと考えていたのであった。このような事態に、やがて一部の建築家たちが、鋭敏に反応することになる。彼らは、工芸家たちと同じく、美術への帰属を願うようになるのである。

「造家学会」が「建築学会」と名を変える重要な契機となった伊東忠太の一八九四年（明治二七）の評論「「アーキテクチユール」の本義を論じて其訳字を撰定し我が造家学会の改名を望む」のなかに、「「アーキテクチユール」は果して一科の美術なる乎、将た又た一科の工芸なる乎、之を判定すること極めて難し」(58)というくだりがある。ここにいう「工芸」とは工業の意味であり、ここから当時、建築が工芸（「美術工業」）と同様の境遇にあったことがわかるのだが、建築はかかる中間性ゆえに、第一回内国勧業博以来「美術」の一ジャンルと目されながらも、「美術の最下等なるもの」(59)とみられていたのであった。伊東のめざすところは、それをまっとうな美術として一般に認知させることであり、そのためには工部大学校に由来する「造家」に代えて、その頃、美術用語として定着しつつあった「建築」を選ぶべきであると考えたのである。そうして、建築が美術としての内実を備えるためには、まずもって「東洋人即ち日本人の主観的精神的の感覚」(60)を研究しなければならないと主張したのであった。「美術」としての「建築」という名の起源にも「国躰」は濃い影を落としていたのである。

建築におけるナショナリティの必要が主張されたことは、第三回内国博で端的に示された造型のナショナリズムへの傾斜に鑑みてのことであったと考えられるのだが、一八九七年（明治三〇）に「造家学会」が「建築学会」と改称することになったときには——まさにその第三回内国博を契機として——すでに絵画中心の体制が確立されており、ウィーン万国博の分類にみられるように建築を筆頭に置く西欧の古典的な分類は、近代の分類体系に凌駕されてしまっていた。これ以後、建築は、工学系ジャンルのうち美術に最も近いものとして、いわば「優等工芸」として別格扱いされることになるのである。「優等工芸」という譬えは、建築が美術と工業をつなぐ橋梁であるという意味であり、現在の用語を以ていいかえれば、それが「デザイン」の一分野であるということを意味するのだが、「橋梁」という比喩が成り立ちうるためには、とうぜんながら工業と美術が截然と区別されていることが前提となる。「デザイン」という橋梁は、江戸以来の「工」という分野の名残をとどめているともいえるものの、橋梁であることにおいて、それが「工」の名残にすぎないことを——「工」がすでに解体し、工業と美術が背反する存在となってしまったことを強調してもいるのである。ちなみに、工芸も、工業と美術にまたがるジャンルであるが、それとデザインの別を簡略に述べておけば、工芸は、美術の内側から架橋をおこない、デザインは、工業の内側から架橋をおこなうと、それぞれ特徴づけることができるだろう。

とまれ、テクノロジーとアート、工業と美術の分断を経て、『国華』創刊の辞が示すように、美術は国家とともに新しい夢を追い始めることとなった。第三回内国勧業博覧会の美術館に並んだ歴史画題の膠彩画について、審査員として同展に臨んだ岡倉天心は、「今回出品中ニ於テモ歴史上ノ事実ヲ描キ出セルモノ尠シトセズ。然レドモ是レ等ハ未ダ人心ヲ感動シ、忠君愛国ノ情性ヲ興起スルニ足ラズ。必ズヤ新ニ其法ヲ求メザルベカラズ」としるしながら、むろん、内心ほくそえむところがあったにちがいない。げんに岡倉は、油彩画については「進歩ノ最モ著大ナルモノハ、歴史画ノ人物画中ニ顕ハレタル是ナリ」と述べているのである(61)。

こうして第三回内国勧業博覧会は、フォンタネージのいう「自己性質」が民族の「自己性質」へと読み替えられてゆく過程の、その重要なメルクマールであるとみなしうるのだが、これに関連して改めて注意を促しておきたいのは、「美術工業」の名で登場してきた工芸ジャンルが、絵画と彫刻の下位に位置づけられることになった動因についてである。明治初期には工芸改良の手段であった絵画――一八八七年(明治二〇)に開かれた東京府工芸品共進会においても、なお、もろもろの工業製品とともに「工芸」の名で一括されていた「和漢洋法の諸画」(62)が、ナショナリズムへと方向づけられた制度的な気流に乗って急角度で「工」の地平から上昇し始めたことを、第三回内国博における絵画と工芸の上下関係は示しているのだ。明治初期の美術行政では美術の代表と目され、美術の全領域を覆っていた工芸が、ここに至って絵画の下に配置されるようになった事由として、前章では、視覚芸術としての美術の純粋性と自律性を求める動きや、同時期のパリ万国博の影響に重点を置いて論じたが、ナショナリズムの翼に乗った絵画の上昇ということもまた、その重要な動因と考えることができるのである。

啓蒙の弁証法

洋書調所からウィーン万国博、工部美術学校、そうして内国勧業博覧会へと至る啓蒙主義の流れのなかから、徐々に頭をもたげてきた「美術」は、啓蒙主義の反対物をはらむことで、すくなくともひとたびは啓蒙に別れを告げなければならなかった。近代の光明の部分を啓豪主義に代表させるならば、「国躰」と同定される美術は、近代の闇の部分を代表するといってよい。あるいは、それを反近代と呼ぶことも可能であろう。

とはいえ、美術はつねに反近代にとどまっていたわけではない。闇に与し続けてきたわけではない。むしろ、光こそ視覚芸術たる美術の本性にかなっているというべきであり、じっさい、反近代の闇との戦いの歴史を、現在の美術はすでに築き上げている。

しかしながら、西洋という名の文明圏に普遍を夢見ながら、それに倣い、それを追うことを進歩と信じる啓蒙のおこないが、その果てで、みずからのうちに啓蒙の反対物をはらんでしまった成り行き、輝きのゆえに闇をはらむそのいきさつを、われわれは決して忘れてはなるまい。「工」の領域に翻訳によってもたらされた「美術」という言葉の意味を、「自己性質」を求める近代の発想に従って追究してゆくあいだに、「美術」は、「工」の近代化＝解体を推進してきた潜在的ナショナリズムの次元に——個の「自己性質」に対抗する次元に吸い寄せられ、ひいてはそれの顕在化に一役買うことになる。そうして、「美術」は、その次元に沿って「工」から離陸し始める。「美術」は啓蒙の理路に従いつつ、やがて啓蒙と対向することになるのである。

「工」から離陸する「美術」の先端に位置したのは視覚芸術の雄たる絵画であり、彫刻がそれに続いた。一八九四年（明治二七）に刊行された横井時冬の『工芸鏡』に画工は取り上げられていない。黒川真頼は『工芸志料』の序で「画工」について記述することを予告しながらついに果たせずに終わったのだが、その衣鉢をついだはずの横井も約束を反故にした。このことは、『工芸志料』刊行後の十幾年かのあいだに起こったことを、何よりも雄弁に物語っている。絵画は、ナショナリズムを契機として精神性をもとめ始めたことで、また、もとめられるようになったことで「工」から遠い存在となってしまったのだ。そして、時を経ずして工芸もまた、そのような絵画の後を追うことになる。『工芸志料』の漢文の序が「国用」(63)を重視しているのに対して、美術的な工芸にねらいを定めた『工芸鏡』の擬古文の序が作者の「心」を重視しているのは、この間の変化を如実に映し出しているだろう(64)。

むろん、かつての「工」に「心」がなかったというのではない。自娯の境地にまで達した職人たちの fine な細工は、そのことを示している。絵画が「工」という枠組みで捉えられていたときにも「心」が等閑視されたことは決してなかった。しかし、明治になって事情は一変した。殖産興業政策のもとにおいて、「工」は物質的合理性や経済性への傾きを決定的に強めてゆくのだ。その動きを表象するのが「機械」、とりわけ動力機械であり、それが「工業」の名のもとに「工」を制覇してゆくなかで、「心」に関する事柄が――「機械」に対抗するいわば大義として――強調されるようになったのである。

ただし、注意しなければならないのは、「工」が衰亡してゆく状況のなかで回帰してきた「心」が、急速に内面の翳を帯びていったことだ。ナショナリズム形成の主流が、対外的なものから国民の造型という対内的なものへと転換したことが、その最も重要な契機であった。すなわち、本来は個として捉えられるべき「自己性質」からネイションへと広がる同心円の動きは、「自己性質」の内なる闇へと向かう求心的な動きをも伏在させていたのである。

まことにマックス・ホルクハイマーとテオドール・アドルノが『啓蒙の弁証法』でいうごとく「神話を解体し、知識によって空想の権威を失墜させることこそ、啓蒙の意図したことであった」(65)。しかし、またホルクハイマーとアドルノのいうごとく「啓蒙によって犠牲にされたさまざまの神話は、それ自体すでに、啓蒙自身が造り出したものであった」(66)のだ。

第Ⅲ章　工芸とアヴァンギャルド

——日本社会における造型のミーム

美術館の創設——制度の実体化

創立時の東京都美術館は、戦前の府県制に従って「東京府美術館」と称した。岡田信一郎の設計に成るその東京府美術館が開館したのは一九二六年（大正一五）五月、明治維新から起算して日本の近代が還暦を迎えようとする直前のことである〔図11〕。ただし、「美術館」とはいいながら、コレクションも研究も慮外に置いた有りようは展示館に近いもので、開館当初から「美術館」と称することに対する批判があった。しかし、まがりなりにも「美術館」と名乗る恒久的な施設が首府に開設されたことの社会的意義は決して小さくない。明治初期に「美術」という語が欧語からの翻訳によってもたらされて以来、「美術学校」、「美術展覧会」など「美術」をめぐるさまざまな制度の構築がおこなわれてきた、いわばその点睛として、この美術館が建設されたのである。

もっとも、一八七七年（明治一〇）の第一回内国勧業博覧会においてすでに「美術館」と称する建物が建てられ、一九〇九年（明治四二）には大正天皇の成婚を祝って表慶館という美術品の展示施設が建設されてはいる。だが、内国勧業博の美術館は一時的なものにすぎず、やがて博覧会場跡にジョサイア・コンダー（コンドル）設計の博物館が建てられると、その二号館として用いられることになる。表慶館は「奉献美術館」と称されはしたものの、もとより東京帝室博物館の一施設として建設されたものであった。東京帝室博物館は現在の東京国立博物館の前身であり、そうであれば美術館と変わりない施設と思われるかもしれないが、もともとこの博物館は、美術品ばかりではなく、自然物や遺物史料など、さまざまなジャンルにわたる展示をおこなう綜合博物館だったのである。げんに表慶館は、関東大震災以後は美術に加えて歴史部門の展示に用いられ、二号館は関東大震災まで自然部門の展示に用いられていたのであった。

竹の台陳列館の存在も逸するわけにいかない。同時代美術の展観のために用いられた施設で、初期の官設展もここを舞台に開催されたのだが、これは一九〇七年（明治四〇）に上野で開催された東京府勧業博覧会のパビリオン（工業館）を流用したものであった。ただし、博物館の付属施設とされたために、園芸植物展覧会やニワトリの品評会なども開かれており、美術館とはほど遠い存在であった。現在の見本市会場のように多目的展示施設として利用されていたのである。しかも、美術品の展示施設としては極めて不都合な代物で、場内はでこぼこの土間、ときには雨漏りがして展示物を汚損するといった状態だった。それゆえに、美術関係者たちは、明治以来いくたびか美術館の建設を求める運動を繰り広げてき

図11　旧東京都美術館（東京府美術館）

たのであった。

このようなゆくたてに照らすとき、たとえ系統的なコレクションや研究機関としての機能を欠く不完全なものであったにもせよ、東京府美術館という独立した美術館が建設されたことの意義は決して小さくみつもるべきではない。美術界の便宜にかんしてばかりではない。美術のための独立した恒久的な建造物が建てられたということは、美術という制度の歴史のうえでも画期的な意義をもった。これによって初めて制度が実体的な核をもつに至り、美術は、制度と施設の両方の意味で institution として自らを確立しえたのである。一九三〇年（昭和五）に大原美術館が倉敷市に開館し、一九五〇年代の初頭には、神奈川県立近代美術館と東京国立近代美術館が相次いで誕生して、日本社会は本格的な「美術館」をもつことになるのだが、東京府美術館は、その制度史的原初形態というべきものであったのだ。

以下、このような観点に立って、東京府美術館創設の歴史的意義について、当時の美術状況とのかかわりから考えてみることにしたい。

東京府美術館建設とアヴァンギャルド

東京府美術館の建設過程は、ほぼアヴァンギャルド運動の展開と並行している。日本のアヴァンギャルド運動は、一九二〇年（大正九）に普門暁によって組織された未来派美術協会に始まるのだが、東京府美術館建設への動きが始まるのは、その翌年のことであった。

未来派美術協会は、普門が、二科展に応募した作品が落選の憂き目にあったのを契機として結成したグループであり、一九二二年（大正一二）には「三科インデペンデント」と名乗る展覧会を開催している。この名称は、当時モダニズムの牙城であった二科会よりも更に新しい表現を目指すスタンスの表明であり、そこには二科への対抗意識もしくは遠心性の意味が込められていた。

二科会は、官設展洋画部に拠る新傾向の美術家たちが、旧来の洋画を一科、新傾向を二科とする制度を設けることを当局に要求し、その企てに失敗したために在野化したグループであるから、それに対する三科は官設展を中心とする美術界の外縁を意味する名称であったということができる。外縁とは、美術というテリトリーを画する境界、いいかえれば美術が美術ならざるものと接するところにほかならない。アヴァンギャルドは、美術と非美術のボーダー・ゾーンに展開される運動であるから、「三科」とは、まさにアヴァンギャルドにふさわしい名前だったといえるだろう。

三科インデペンデントと同年同月に、二科会に拠る急進的モダニストたちが「アクション」というグループを結成し、これによって官設展を中心に、二科、アクション、三科という同心円構造が形成されるのだが、これらすべてを凌駕する過激なアヴァンギャルド集団が、関東大震災の年に出現する。「マヴォ」である。

マヴォは、欧州留学から帰国したばかりの村山知義の率いるグループで、はるかに先行グループを凌ぐ過激さをもっていた。いってみればマヴォは美術界における大震災であったわけで、このグループにおいてアヴァンギャルドは単に美術の最前線という以上の意味をもつに至った。パフォーマンスなどによって美術の境界を突破し〔図12〕、さらには非芸術の領野へと進出する尖兵の意味合いさえもアヴァンギャルドは帯びることになったのだ。それはまた、明治に始まる近代から現代への突出でもあった。

これとは別に、今和次郎たちの「バラック装飾社」というグループが震災ののちに登場し、焼け跡のバラックにアヴァンギャルドな装飾を施す活動を開始している。生活現実に介入する彼らの活動もまた、美術と美術ならざるものの境界に位置するアヴァンギャルドの在り方を典型的に示す例といえるだろう。

一九二五年〔大正一四〕五月、東京府美術館の定礎式がおこなわれたのと同じ月に築地小劇場で三科主催の「劇場の三科」〔図13〕と銘打つパフォーマンスの大夜会がおこなわれ、絵画・彫刻という歴史的表現媒体に拠る美術の境域を踏み破る試みが大々的に繰り広げられた。喧噪と暴力性に充ちたこの催しは、美術はもちろん芸術という領域さえも踏み越えるものであったということができる。官設展を中心とする同心円の外周の遠心性が、マヴォの登場や「劇場の三科」の企てによって離反性へと転じたわけである。離反性が、美術の中心領域への実践的批判でもあったことはいうまでもない。

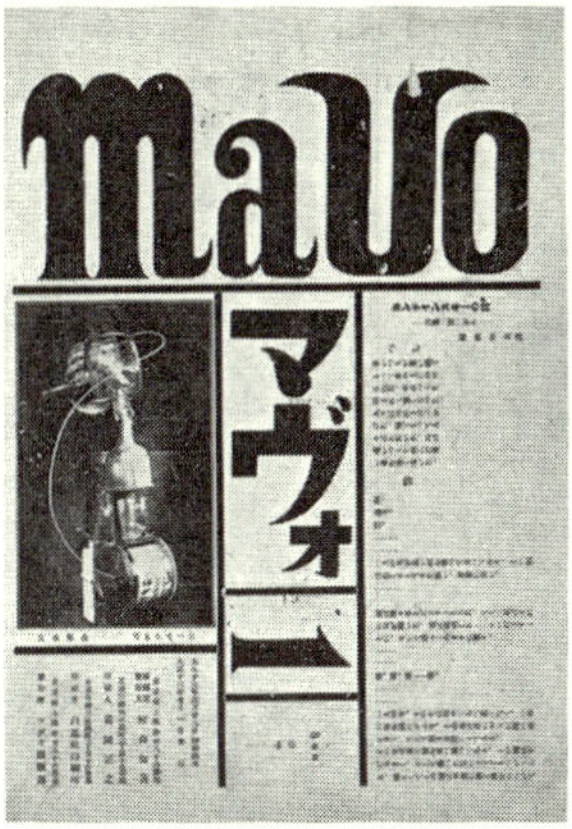

図12-2　『マヴォ』第１号表紙
1924年７月

図12-1　村山知義《美しき少女達に捧ぐ》1923年

図12-4　マヴォ、NNK 合作《切符売場・売店》1925年

図12-3　住谷磐根、岡田龍夫、高見沢路直《踊り》『マヴォ』第３号　1924年９月

図13 「劇場の三科」チラシ（左-表 右-裏） 1925年

また、「劇場の三科」の前年には、アヴァンギャルドたちが「三科造型美術協会」の名のもとに結集して、大きな盛り上がりをみせた。東京府美術館は、こうした状況のなかで徐々にその姿をあらわし始めたのである。

アヴァンギャルドの終熄と美術館の落成

大震災前後から「劇場の三科」あたりまでが、アヴァンギャルド運動の昂揚期であり、これ以後は終熄期とみなすことができる。「劇場の三科」の直前に第一回の展覧会を銀座松屋で開催したアヴァンギャルド集団「三科造型美術協会」は、同じ年の九月に、工事中の東京府美術館にほど近い東京自治会館で第二回展を開催するが、その会期中に、内紛によってあえなく解散してしまう。その後、三科の再興をめざす「単位三科」が中原実、仲田定之助、玉村善之助らによって結成されたものの、往時の激しさはもはやなく、社会主義へと傾斜する矢部友衛、岡本唐貴、浅野孟府、神原泰らが結成した「造型」というグループは急速にリアリズムへと傾斜してゆく。「造型」においては、それと並行して絵画、彫刻といった歴史的なメディアの再評価さえ進められていったのだった。

矢部、岡本たちのグループ「造型」が最初の展覧会を開いたのは一九二六年（大正一五）三月であるが、同月に岡田信一郎の設計に成る東京府美術館が落成する。未来派美術協会と同時期に始まった美術館建設へ向けての計画は、アヴァンギャルド運動の終熄期のトバクチにおいて成就されたのである。これは、まさに象徴的な出来事であったというべきだろう。美術に自爆テロを仕掛けるがごときアヴァンギャルドが終熄へと向い始めたところで、美術館という制度の要が据えられたのだ。

しかし、これを美術の破壊から美術の再構築への動きと捉えるとすれば、それは単純にすぎる。アヴァンギャルド運動の結果を受けて美術館が出現したわけではないからだ。アヴァンギャルド運動は、東京府美術館の建設過程と並行して激化の道をたどったのである。この時間的な重なりを見過ごすわけにはいかない。そればかりではない。その後も、アヴァンギャルドとのかかわりは、この美術館の歴史の節目ごとに大きな意味をもつことになる。美術の制度の要を成す美術館の建設とアヴァンギャルドの活動のあいだには、単なる偶然とは思われないかかわりが、この後も長く見出されることになるのだ。アヴァンギャルド運動と美術館の建設は同期（シンクロナイズ）していたのである。

アヴァンギャルドの勃興は、さまざまな要因による。ヨーロッパやロシアからの影響が大きな契機となったのはいうまでもない。留学時代の村山知義はドイツでダダイズム以降のアヴァンギャルドの動きに親しく接し、彼らに立ち混じって表現活動をおこなった経験をもつ。ソヴィエト政権の傀儡緩衝国家「極東共和国」と日本軍とが対峙するウラジオストクからブルリュークとパリモフが、タトリン、マレーヴィチらアヴァンギャルドの作品を携えて来日したのも大きな動因となった。展覧会や美術雑誌による紹介も重要な役割を果たした。工業化や都市化の進展、また、大震災による破壊も重大な要因となった。資本主義社会のゆがみに対する義憤が、本質的にブルジョア的である美術の在り方に対する、そして「美術」という存在そのものに対する批判を呼んだという点も重要である。これらについては、すでにさまざまに論じられてきたが、アヴァンギャルド運動は、制度史的観点から捉えることもできるのだ。

美術という制度

美術は、鑑賞的価値を有する事物を造り出す技術である。この技術は、他の技術とともに社会の部分的システムを構成している。第Ⅰ章で詳しく述べたように、このシステムが、日本社会で始動したのは明治の初めだった。国家が主導することによって、このシステムは制度として社会に定着することになるのだが、それは政治や経済にまつわる他の諸制度同様、西洋からもたらされたものであった。

こうして導入された美術のシステムが、制度としての基本的な骨格を備えるに至る過程は幾つかの段階に分けて捉えることができる。すでに述べたところを交えて、ざっと年表風に振り返ってみることにしよう。

まず「美術」という言葉の翻訳＝受容に始まり、内国勧業博美術部門や工部美術学校の設置にみられる初期の制度構築がおこなわれた。いわゆる「文明開化」の時代であり、これを第一段階と称することができる。次の段階で主役を果たしたのは、政府と結びついた国粋主義の勢力であった。前章でも指摘したように国粋主義運動とはいいながら、それは「美術」という外来の概念にもとづく点で欧化主義の一翼をになうものであり、いわばカモフラージュされた欧化勢力として、文化における保守的心性を攻略するうえで大きな役割を果たしたのである。あるいは、こういってもよい。美術の国粋主義は、日本列島における造型の地霊を鎮める役割をになったのだ、と。

国粋派主導の制度構築が一応の成果を得るのは一八八〇年代末から一八九〇年代初頭にかけて、元号でいえば明治二〇年代初頭のことである。明治憲法体制の確立と時を同じくして東京美術学校が開校し、同じ年に明治美術会という西洋派の美術団体が結成され、美術ジャーナリズムが『国華』という雑誌によって大きな飛躍をみた。当時、美術家たちの檜舞台であった内国勧業博覧会の美術部門が現在に通ずる体制を――絵画を筆頭に彫刻と工芸がこれにつづく体制を整えたのも第一回通常議会の年である。帝室技芸院制度が設けられ、岡倉天心が東京美術学校の講義において、日本人による日本美術史研究の嚆矢を放ったのも同じ年だった。この年には京都美術協会が結成されてもいる。

このようにして明治二〇年代初頭に、美術の社会的定着を目指すさまざまな企てが次々と実を結ぶことになったわけだが、美術という制度の実質的な中心を成す展示－鑑賞のシステムにかんしては、その要ともいうべき美術館の建設と官設展の開催とが将来の課題として残されていた。美術館については東京府美術館の開館まで待たねばならず、官設展については一九〇七年（明治四〇）の文部省美術展覧会（文展）の開設を待たなければならなかったのである。

官設展は、美術という部分的社会システムのオーソライズと美術品の評価基準の設定にかんして重要な意義をになう。それればかりではない。近代的観衆の形成、美術マーケットの再編成、美術ジャーナリズムの活性化、美術の国定規範の提示など、さまざまな社会的効果を官設展はもつ。それは美術の制度化において不可欠のイデオロギー装置であり、文展は、このような役割をになって出発したのであった。すなわち美術の制度化の第三段階である。

しかも、文展には、もうひとつ重要な役割が振られていた。美術館設置へ向けての布石の役割を文展は振られていたのだ。官による買い上げ制度によって、将来設置されるであろう国立美術館のためのコレクションの形成がもくろまれたのである。文展の背後には不在の美術館が控えていたわけだが、この不在の美術館こそ美術をめぐる制度のキイストーンとなるべきものであり、それが差し込まれないかぎり、制度のアーチは、不安定なままいつまでたっても完成しない。東京府美術館は、この最上部の空白に、とりあえず差し込まれたキイストーンであった。そして、制度化の第四段階にあたることの作業が開始されるのと時を同じくして、アーチの下に広がる同心円の外周において美術の制度に対する、不穏な反逆の動きが起こったのだ。

造型のミームとアヴァンギャルド

アヴァンギャルドは、一般的には美術の危機を醸成する運動であるということができる。危機の醸成は、さまざまな動機に発するが、それが美術という制度に対する戦略の一部を成すものであるならば、美術の制度的確立を前提とするのはいうまでもない。しかし、日本近代においては、その確立へ向けての動きが起こるのと時を同じくしてアヴァンギャルド運動は起こった。勇み足ともフライングともいうべき、このタイミングに、日本におけるアヴァンギャルド運動の特質が見出されるように思われる。すなわち、それは、制度として完成された美術の攻略というより、むしろ、その確立を牽制もしくは阻止しようとする思いに発するものだったのではないかと考えられるのだ。いいかえれば、東京府美術館の建設は、アヴァンギャルド運動が激しさを増してゆく深い動機を――あるいは「集合的無意識」にかかわる動機を――なしていたのではないかということである。

なぜ美術の制度の確立は牽制ないし阻止されなければならないのか。思うに、そこには日本社会における造型のミームとでもいうべきものがかかわっていた。ミーム meme は、「模倣」を意味するギリシャ語の語根 mimeme を、「遺伝子」を意味する gene の発音に似せて変形したもので、「文化遺伝子」と訳すことができる（1）。ただし、これは宿命を意味するものでは、もちろんない。遺伝子であるからには、組み換えが必ずや可能であるはずだからである。このような含意において、しばらく、この語によって考えをすすめてみようと思う。

日本の造型史をかえりみると、純粋に鑑賞のために造られたものはいたって少ない。そのほとんどが、なんらかの生活上の用途と結びついている。たんに形式的な結びつきにとどまる場合もあるが、そのことが却って実用的機能への執着を証しているともいえる。鑑賞性を求めながら、わざわざ実用的機能形態をまとうからには、強い心的社会的規制がはたらいていたにちがいないのである。ひとことでいうならば日本社会の造型史は、工芸の優位性において展開してきたのであった。このような造型史の特徴について矢代幸雄は『日本美術の特質』のなかで、こんなふうに述べている。

先づ日本は美術国といふよりも寧ろ工芸国と呼ぶを適当とする程、工芸の盛なる国であつた。而してその工芸は甚だ特殊なる材料を多量に持ち、技術多様にして頗る変化が多い。木工、竹細工、諸種の金工、漆器、蒔絵、陶磁器、皮革、染織、刺繍の類、何れも材料に特有なる取扱を必要とし、またそれを日本的敏感を以て徹底し発達させたことは、寔（まこと）に壮観である。而して日本美術全般に就て最も顕著なる点は、日本人の工芸愛好なる、是等の諸工芸が他国に多くその例を見るやうに、純正美術と離れて発達することなく、生活の周囲として之を美化する為めに、絵画彫刻共に綜合美の一部として並列混合し、また絵画彫刻それ自身が、（中略）材料技術的に工芸的手法を深く包含し、両者が截然と区別し難き密接なる相互関係に於て発達して来たことである(2)。

矢代は、同じ本の「余白」を論じた箇所で、鼓常良が『日本芸術様式の研究』で用いた「「枠の撤廃」Ramenlosigkeit」（鼓の訳語は「無框性」）という概念に——鼓の名を伏せたまま——言及しているが(3)、この概念は、芸術と生活のあいだに隔壁を設けない工芸的造型の発想を指すと考えられるもので、鼓は、これを「無限界性」と呼び替えてもいる(4)。この概念を駆使して、鼓は、日本社会における芸術の特質を捉え、生活と美術の中間領域に位置づけられる工芸が、日本社会の造型において優勢であるゆえんを説明しているのである。

もっとも『日本芸術様式の研究』は、行論、実証ともに粗雑なところがあり、精度と説得力において矢代幸雄の著書とは比べものにならないのだが、「無限界性」という概念には、それでもなおみるべきものがある。この概念は、日本社会の造型を規定するミームのはたらきを、じつに巧妙に言い止めているからだ。また、この本は、もともと滞欧中にドイツの出版社（岡倉天心の『茶の本』*Das Buch von Tee* を刊行したインゼル書店）から“*Die Kunst Japans*”と題して上梓されたのだが、その出版年が一九二九年であることも興味深い。「無限界性」の価値を主張するこの書物は、大正アヴァンギャルドの終熄期を過ぎたところで——ヨーロッパにおいてはシュルレアリスムの時代のさなかに——書き上げられたものなのである。

生活と美術、絵画と彫刻、工業と美術、そして、意識と無意識……近代がつくりあげたこれらの分類枠を突破し、あるいは不安に振動させるアヴァンギャルドの構えが、この本に何らかの影を落としていたのは、まずまちがいない。鼓ばかりではない。時代はくだるが、矢代幸雄も戦後版の『日本美術の特質』で、こう述べていた。「ただし最近にはピカソが好んで陶器を作っているように、西洋でも美術と工芸との接近が大いに考えられるようになった」(5)、と。日本社会が育んだ造型の特徴とアヴァンギャルドのあいだ、あるいは工芸とアヴァンギャルドのあいだには共通性が見出されるのである。

このような見方に立つとき、制度としての美術の完成期とアヴァンギャルド運動が重なり合うのは、決して単なる偶然とは思われない。展示‐鑑賞のシステムによって美術と生活を分断する美術の制度が日本社会において完成されようとする、まさにそのときにアヴァンギャルド運動が勃興したのは、日本社会に内在する造型のミームが反乱を引き起こしたのだというように考えることも可能だからである。アヴァンギャルド運動の動因をひとつに絞り込むことは、先にみたように困難であるとして、しかし、その重要な動因のひとつとして、造型のミームのはたらきを想定することは決して牽強とはいいきれないはずなのだ。しかも、このような見方に立つことによって初めて、アヴァンギャルドを、日本社会の造型史に正確に位置づけることができるはずなのである。

だが、これを主張するためには、造型のミームとアヴァンギャルドの具体的関係についてみておく必要がある。

工芸／工業

村山知義は、一九二六年（大正一五）二月に『構成派研究』を上梓している（図14）。東京府美術館が竣工する一月前、「第一回聖徳太子奉讃美術展覧会」（以下、「奉讃展」と略記）を以て同館がオープンする三ケ月前のことである。東京府美術館初の催しとなった奉讃展は、当時の美術界を「綜合」するべく企てられたもので、絵画、彫刻、工芸の三部門が設けられていた。第Ⅰ章でふれたように、文展創設以来、官設展では工芸部門が設けられていなかったから、公立美術館のオープニング企画展において絵画、彫刻と並んで工芸が取り上げられたことは、官設展の欠を補う意味をもち、また、美術界の「綜合」という同展の主旨にかなう企てであったといえる。その工芸というジャンルにかかわるくだりが、村山の著書に見出される。村山は、

図14　村山知義『構成派研究』表紙　中央美術社　1926年

革命後のロシアの美術状況にかんして、プロレタリア・リアリズムの盛行とともに、「産業主義」の台頭を挙げて、それを「形成芸術上に於けるコペルニクス的転廻」と呼んでいるのだ(6)。「産業主義」とは、いったい何か。『構成派研究』の第二編「構成派の発生」から引く。

産業主義は、
純粋芸術に徹底的戦争を布告した。
芸術に於ける個人主義を葬って集合主義をとなへた。
実際的効果なき芸術は芸術に非ずと宣言した。
そして構成派は此の産業主義から生れ出たものである(7)。

「産業主義」が工芸とかかわるものであることは「実際的効果」をもつという点にあきらかであるが、「純粋芸術」への宣戦布告、「芸術に於ける個人主義」の埋葬というコンセプトは、アヴァンギャルドと足並みをそろえるようにして歩みを始めた柳宗悦の民芸論を彷彿とさせずにはおかない。しかし、これは、あくまでも発想の根本における一致であって、工芸とアヴァンギャルドは、その具体的なあらわれや発想の細部において決定的に異なっている。柳も資本制下における工芸の存立をみとめてはいるものの、その発想のおおもとには、前近代へのノスタルジックな回帰志向があった。それに対して、村山の発想は同時代的であり、かつ、未来志向である。また、江戸時代以前の造型へのノスタルジーは手仕事重視の発想をまねきよせるが、アヴァンギャルドの「産業主義」は、工業社会への親和性をもち、機械による生産を大前提としている。村山の主張と柳の民芸論の親近性は、前近代と脱近代の相似性にかかわる問題として捉え返すことができるのだが、そこには重要な差異もみいだされるのである。

村山の「産業主義」は、当時の「工芸」全般とも大きく異なっていた。そのことは奉讃展の工芸部門に対する村山の批評にあきらかである(8)。さて、それでは、村山がそこで想定する「工芸」とはどのようなものであったのか。村山は、次のように、外延を以て「工芸」を定義している。

> 私が解する工芸品といふのは、下駄屋の看板、新発明の畳み椅子、組立て式街頭新聞売場、ポスター、新型労働服、広告塔、書物の装幀、洋服戸棚、秘密抽出のついてゐる机、切手入れ、状差し、ガマ口、入場券、珍型煉瓦、犬の首輪、浴衣、海水着、風呂桶、便器、清涼飲料水のビン、手拭、電気のスタンド、看護婦服、手術着、理髪屋の椅子、縄梯子、安いカーテン、みつ豆の入れ物、駄菓子の袋、カルタ、メンコ、セルロイドの首振り人形、状袋、レターペーパー、名刺、等、等、等無限である(9)。

だが、ここに列挙された品々を一般には「工芸」とは呼ばない。いまなら、工業製品、デザイン、クラフト、フォーク・アート、あるいは「限界芸術」（鶴見俊輔）とでも呼ぶところだろう。これらを「工芸」と呼ばないのは、奉讃展の当時においても変わりなかったにちがいない。げんに、奉讃展の工芸部門に「下駄屋の看板」や「犬の首輪」は展示されなかったのである。つまり、村山知義の「工芸」観はアヴァンギャルド的な牽強付会とみることもできないではない。

しかし、「工芸」という語の歴史をかえりみるならば、村山の主張は、必ずしも牽強とはいえない。すでに述べたように、「工芸」とは、明治以後になって一般的に用いられ始めた近代の新語であり、しかも、当初は現在いうところの「工業」の意味で用いられていたからである。たとえば、内国勧業博覧会で工芸部門を「美術工芸」と称したとき、それは「美術」と「工業」に両属するジャンルという意味であり、「工芸」とは工業を指していたのであった。もっとも村山が生まれた二〇世紀初頭には、「工芸」は、すでに現在と変わらない意味で用いられるようになってはいたものの、その後もしばらくのあいだは工業のイメージがつきまとっており、そのことが、上記のような村山の工芸観の歴史的背景を成していたと考えられるのである。

理想大展覧会と造型

村山知義は、この展評のなかで、奉讃展が「実用芸術部」なるセクションを設けなかったことを批判している。同展に展示されているような工芸品は、ほんらい、その一区画を成すにすぎないというのである(10)。思うに、ここには、美術と非美術の境界を無化ないしは曖昧化しようとする発想が伏在していた。当時のアヴァンギャルドは、「三科造型美術協会」の名にみられるように、しばしば「造型」という語を用いたが、村山の批評のスタンスは、この語によって捉えることができる。すなわち、美術をもその一部に含み込む「造型」という語の意味の広がりのなかで村山は考えていたのである。村山は、工芸部門の展評ゆえに、実用品に限って例を挙げているが、実用性を欠くアヴァンギャルドのオブジェも——さらには絵画や彫刻もまた——「造型」に属することはいうまでもない。「造型」は、およそ、かたちづくる行為なら、なにもかも包摂してしまう概念であり、したがって、工業と美術という近代における造型の二大ジャンルをふたつながら含み込みうる大きさをもつのである。

展評の最後の方で、村山は、三科の横井弘三が企画した「理想大展覧会」（以下、「理想展」と略記）を奉讃展に対置しており(11)、これは「造型」という概念にかかわる村山の発想を端的に示している。理想展というのは、三科の一員であった横井弘三が開いたアンデパンダン展で、その出品物には、看板、玩具、発明品、小学生の自由画、児童の創作模様、舞踊、演劇、書、工芸、日本画、洋画そしてアヴァンギャルドに至る、ありとあらゆる造型の広がりがみとめられたのである(12)〔図15〕。同じ年の『みづゑ』二月号に掲載された理想展の規約には次のようにしるされている。

『理想展』では日本画洋画のへだてなく、新派旧派の別もなく、文字、彫型、ダダ、構成作等、又新案日用生活品から発明品、建築物其他、各出品者が創造したあらゆる造型を出陳する抱擁力をもちます(13)。

そもそも、この展覧会のきっかけは、関東大震災にさいして横井弘三が制作した「贈り絵」と称する二百余点にのぼる油絵の小品シリーズにあった。横井は、被災した小学校に、見舞いの意味を込めて寄贈するべく、このシリーズを描いたのだが、一九二四年(大正一三)、会友としてかかわりをもっていた二科展にそれらをまとめて出品しようとしたところ容れられず、これに奮起した横井は、三科主催のアンデパンダン展を開催しようとするが、三科の解体によってこの企ても挫折する。二科の会友である横井には、奉讃展から出品要請があったのだけれど、旧態依然たる画壇的発想による招待出品にかぎられる奉讃展洋画部門の在り方を批判して、これを拒絶し、けっきょく自力でアンデパンダン展を開くことに決したのであった。そのオープニングは一九二六年(大正一五)五月一日、東京府美

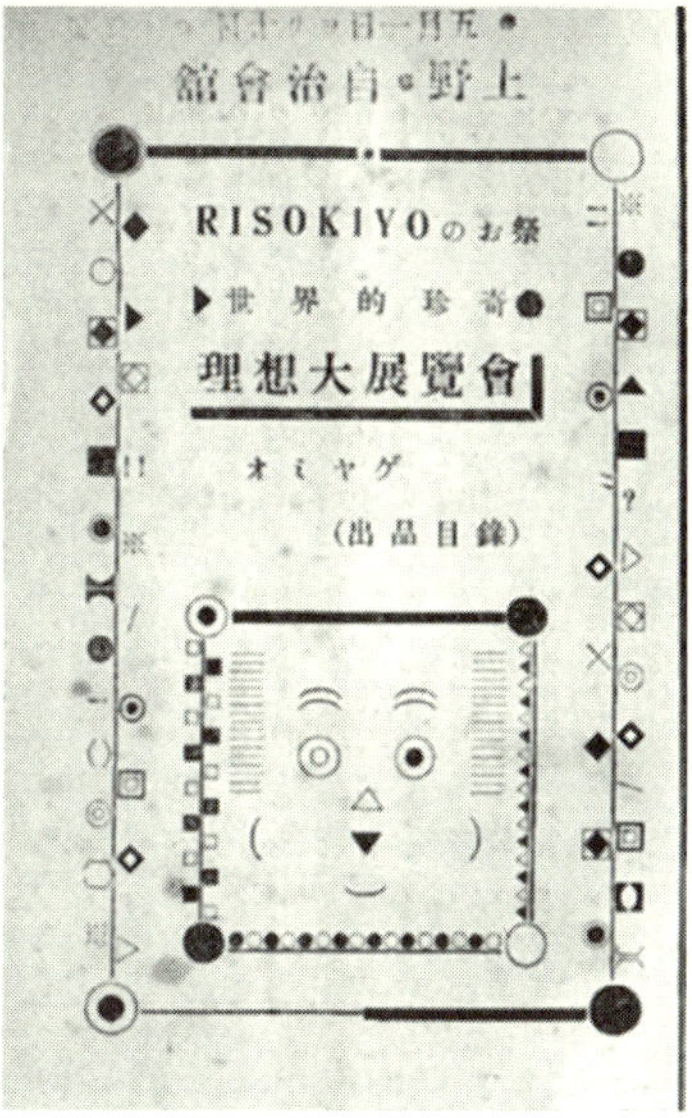

上：図15-1　理想大展覧会展示風景『美之国』1926年６月号
下：図15-2 「理想大展覧会目録」表紙　1926年５月

術館の開館式を兼ねた奉讃展の招待日に照準されていた。しかも、会場は東京府美術館にほど近い東京自治会館講堂であった。理想展の開催は、奉讃展への実践的批判の意味をもつものであったのだ。

横井は奉讃展前年七月発行の『MAVO』第六号にこう書いている。「もし有名大家が反省して、『但西洋画ニ限リ一般募集セス』の一行をケヅリ取らなかつたら、来春綜合展は分離展となつて乱をもつて乱をなすものである」(14)、と。この憤りは、横井作の「美術革命の歌」に「大家が奪つた美術館／無名作家のものぢやない」とあるように東京府美術館じたいに向けられてもいた(15)。じっさい、横井たち理想展の参加者たちは、その最終日に「美術革命の歌」を歌いながら東京府美術館に押しかけ、逮捕者三名を出す騒ぎを引き起こしたのである。

三時頃、理想展は万歳を唱へて目出度く壱ケ年間の実行を終つた。やがて、同人は懇親会にゆく前、太子展にゆき、理想展の万歳を叫んで帰らうとの事で、物凄い勢で、押掛ける。或者は梯子に破れた作品をつけて、先頭に突進する。その他、ステッキを持つたり、怪奇な様子のものばかりだ。／美術革命歌をうたひ、美術館の階段に上つた時は、十台ほどの自動車と、数十名の地方からの女学生が、此の咄嗟の暴風的な勢に吃驚してゐた。／急進派は直ぐ階段上より、梯子を投り出し、杖を捨てゝ館内に這入り込んだが、巡査に押へられた。スワ何事か大事が起らんとする物恐ろしき光景だつたが、我等はそれを制して、革命歌を高唱して引き揚げた。(中略) 同志の中、三人は気の毒にも、彼等の行動が怪しいとて検束され、十日間の拘留を云ひ渡された(16)。

理想展の幕引きのようすを、横井は、こんなふうに書きしるしているが、工芸とアヴァンギャルドの関係を問ううえで注目したいのは、この展覧会によって、先に述べたような美術界の同心円的広がりが無際限な様相を呈し始めたことである。しかも、この広がりは、「造型」の全域にかかわろうとする意志において、「綜合」的な展覧会を目指した奉讃展を、すくなくとも可能態として含み込んでいた。理想展においては、規約にもあるとおり、工芸はもちろん日本画や洋画も展示されたのである。いいかえれば、理想展は、美術の体制の外周から――「造型」という広がりがはらむエネルギーによって――その中心へと折り返してゆくような動きを潜在的に有していたのだ。

村山知義は、奉讃展の工芸部門を批判するにさいして、こうした理想展の在り方を基準として掲げたのだが、それは、理想展に「造型」という理念の実現をみたからにほかならなかった。このような村山の「造型」観には、先述のような造型のミームが――かなり複雑に屈折したかたちにおいてではあれ――何らかのかたちで関係していたのに相違ない。このことに関連して、大正期がアヴァンギャルドの時代であると同時に、たとえば和辻哲郎の『古寺巡礼』に代表されるように日本回帰の運動が起こった時代でもあったことに注意を促しておきたい。横井弘三が、三科時代に漆絵を手がけていることにも、時代のこうした傾斜を見出すことができるだろう。

「実用芸術部」を想定しつつ村山知義が列挙した造型物の数々には、工芸というより、工業製品というべきものが多く含まれている。しかし、そもそも「工芸」は美術と工業のあいだに位置する境界的なジャンルであり、さかのぼれば工業と同義の言葉でもあった。しかも、「工業」という語は、繰り返し指摘してきたように、江戸時代までは、絵画や彫刻をも含むものづくりを幅広く指す語であったから、村山たち大正アヴァンギャルドの思い描く「造型」に近い外延の広がりをもっていたということができる。

しかし、このような性格をもつ工芸は、美術の制度を構築する側に立ってみれば、如何にも曖昧な存在であり、それゆえ、文展において工芸部門が設けられることはなく、その後身の帝国美術院展覧会（帝展）においても、はじめの十年ほどは工芸部門が設けられることはなかった。内国勧業博覧会では、第三回以降、工芸部門が設けられ、東京美術学校には工芸科が設置されていたものの、制度化の次なる段階を画する文展においては美術と非美術の曖昧な境界にたゆたうジャンルとして、工芸は美術の体制の外に位置づけられることになったのである。このような処遇の前兆は、文展のはるか以前からみられた。一八九五年（明治二八）の第四回内国博における「美術及美術工芸」という分類名がそうであるし、一九〇三年（明治三六）の第五回内国博でも「美術及美術工業」という分類になっていた。これらの分類が、文部省が主管する「美術展覧会」を規定する先例のひとつとなったことは、まずまちがいないだろう。

美術が社会と直接に結びつく展覧会の場において、しかも、日本国の美術を代表する官設展において、工芸は美術の外に追いやられることになったわけで、これは、皮肉といえば、相当に皮肉な事態ということができる。まず、工芸を中心に据えて進発した「美術」概念形成過程の果てで工芸が排除されたという点において、また、ナショナルな展覧会が、造型のミームを否定したという点において。文展とは、工芸的なものが優位に立つ日本社会における造型のミームへの抑圧、ないしは遺伝子組換えの企て、いいかえれば西欧を規範とする造型上の優生学にほかならなかったのだ。

ところが、文展創設から一九年目にあたる一九二六年（大正一五）の奉讃展では、すでにみたように工芸が美術の内に位置づけられることになったわけで、これは制度上の重大な転換であったといわなければならない。村山が、工芸部門ではなく「実用芸術部」をこそ設けるべきであったと主張したのは、こうした制度転換の虚を突いた発言であり、いわば一点突破的に、美術の制度を「造型」という無際限な広がりのなかに投げ込もうとする意図を含んでいたと考えてよいだろう。

奉讃展が工芸を美術の一ジャンルとして取り込むにあたって、どのような議論が準備期間におこなわれたか詳しいことはわからない。ただ、工芸部門の設置は、一九二四年（大正一三）一〇月の企画会議で決定したようである(17)。帝展に工芸部門が設けられるのは一九二七年(昭和二)の第八回展からだが、これは帝国美術院長の黒田清輝の発意によるもので、それが決議されたのはさかのぼること四年、一九二三年(大正一二)末の帝国美術院総会においてであった。黒田は日本工芸協会総裁を務めたことにも示されるように工芸に対して関心と理解をもっていたのである。この総会の翌年に奉讃展が工芸部門を設けることを決定したのは、あるいは帝国美術院の動きを意識してのことであったかもしれない。

とはいえ、黒田が一九二四年(大正一三)七月に没したあとの帝国美術院では、工芸部門の設置は宙に浮いた状態であったらしい。それが、最終的に決定されたのは、一九二六年(大正一五)一〇月の帝国美術院会議であった。工芸部門を設けることが満場一致で可決され、翌年五月には規程改正の運びとなったのであった。この決議がおこなわれたのは、奉讃展開催の五ケ月後のことであり、満場一致によるこの可決は、奉讃展に工芸部門が設けられたことと無関係であったとは考えがたい。帝国美術院会員と奉讃展の企画運営に携わった顔ぶれの重なりからみても、両者のあいだに連携意識があったことは、まずまちがいない。

また、工芸部門が設けられる前年の第七回帝展が、奉讃展終了の数ケ月後、すなわち一〇月に東京府美術館で開催されたのと重なる時期に、帝国工芸会(のちの日本工芸美術会)が第一回展を同じ東京府美術館において開催していることも注意を引く。楠部彌弌が、松田権六との対談で、この展覧会について「第七回帝展の試験的な展覧会が帝展の工芸室で開かれたものなんです」(18)と述べているのは興味深い。官設展における工芸部門の設置は、文展創設以来、工芸家たちの切望するところであったから、帝展と同時期に同じ会場で工芸展が開かれたのは、工芸家たちにとって大きな喜びであったにちがいないが、この展覧会が開かれたとき、すでに事は決していたのであろう。帝国美術院が満場一致で「美術工芸」部門の設置を決議したのが、工芸美術会展開会オープニングの前日であったことは、決して偶然とは思われないのである(19)。

また、帝国工芸会の創立は奉讃展閉会直後の七月であるから、帝国工芸会第一回展は、工芸部門を設けた奉讃展の企てをじゅうぶん意識してのことであったとみられる。げんに奉讃展と日本工芸美術会の活動は、ある人物において結びついていたのだ。東京美術学校長にして奉讃展の主任理事でもあった正木直彦（十三松堂）である。この頃の『十三松堂日記』をみると、帝国工芸会の中心的人物であった東京美術学校教授の津田信夫は、第七回帝展と同じ時期に東京府美術館で工芸展を開催することについて、正木校長に意見を求めているのだ。津田は、若い工芸家たちが、帝展と同時期に東京府美術館で展覧会を開くことを欲していることを伝え、工芸に理解をもつ正木の意見を請うたのだが、そのとき正木は、商工省主催の工芸展覧会（商工展）との関係をどうするつもりなのか、また、「折柄生産工芸展覧会を大袈裟に企つるものあり、之等に対しても態度を定めざるべからず」として――つまりインダストリアル・デザインの台頭を意識しながら――「工芸家の覚悟如何」と津田に厳しく問いかけている(20)。これは、一九二六年(大正一五)三月末、東京府美術館が借館の受け付けを開始する直前のことであった。

ボーダー・ゾーン、あるいは供犠のシステム――アヴァンギャルドと工芸

因果をたどれば以上のように考えるのが順当であるとして、しかし、歴史の考察は、いうまでもなく、事柄が惹起する「場」の次元も含めておこなう必要がある。すなわち、因果関係を成す実体と、状況及び条件との相関性に注意をはらわなければならない。では、奉讃展および帝展における工芸部門の設置は、どのような歴史的場においておこなわれたのか。

明治末から大正時代へかけては、「大正生命主義」(鈴木貞美)ということばに示されるように生への関心が高まった時期である。その関心は、美術の領域では、生活場面における造型(道具的連関の造型)への関心を、当然ながら惹起してゆくことになる。内的生命の表出を目指すフュウザン会に藤井達吉が手芸を以て参加したことに、その連関は端的に示されている。

しかも、こうした動きは、「造型」という大きな概念を場として、アヴァンギャルドと地続きであった。村山知義の「実用芸術部」という発想が、こうした流れのなかにあったことはいうまでもないことだし、『MAVO』誌上に掲載された有名なさかしまの肉体による「造型」には、村山グループの

生命的なものへの関心が如実に示されている。

工芸とアヴァンギャルドの「家族的類似」（ルートヴィヒ・ウィトゲンシュタイン）は、理想展において具体的に示されることになるのだが、横井弘三は、およそ人間が作り出す形あるものすべてを抱きとる「無限抱擁」のユートピアを建設する第一歩として、この理想展を位置づけていた。その企てを根底で支えていたのは生への関心――造型する力の源であり、また、造型が差し向けられるものでもある生、すなわちlifeへの関心であった。ここには、ひとびとの生活にかかわるものづくりの一切を包み込む江戸時代までの「工業」に通じるものがある。すなわち、大正アヴァンギャルドのいわゆる「造型」は、日本社会における造型のミームの発現とみなすこともできるのだ。

奉讃展と帝展における工芸部門の開設は、このような歴史的場において実現されたのだが、さりとて美術の制度的確立を目指す勢力が、「造型」の全域を受け容れようはずがない。ましてや、美術に対する否定の意志を抱くアヴァンギャルドを受け容れることなどできない相談であったろう。げんに、美術館の社会的意義として「危険思想」や「過激思想」の防遏（ぼうあつ）が、あらかじめ建設理念に織り込まれていたのである。にもかかわらず、生命主義の潮流は、制度の内部にとうとうと流れ込まずにはいない。伝統という礎をもたない「美術」新興国日本のサロンは、西洋における美術の動向に注意をはらいつつ、自国の美術にかんする綜合的かつ模範的な在り方えを示さなければならないからだ。生命主義の流行にともなう美術と生活の急接近という状況のなかで、制度は、ボーダーを改めて引き直す必要に迫られていたのであり、「折柄生産工芸展覧会を大袈裟に企つるものあり」という正木の言葉に滲む危機感に、それがうかがわれる。もはや絵画・彫刻のみを美術と称することのむつかしい状況に立ち至っていたのである。

こうして制度は、工芸をみずからの内に迎え入れざるをえないところに追い込まれていった。それまで境界領域として美術の近傍に配置されてきた工芸を、その内部に取り込まざるをえなくなったのである。そのさい、海外のサロンが、すでに工芸部門を設けていたということも決断のうながしになったにちがいないが、同時に、アヴァンギャルドの活動も外圧として作用していたのにちがいない。制度は、現実におけるみずからの存在理由を維持するべく、アヴァンギャルドを排除しながら、その背後にある時代の動きを取り込もうと企てることになるのだ。

先にも指摘したように「造型」という領域は、絵画・彫刻を中核とする美術の領域をも包み込む広がりをもつものであり、理想展は、その実体化された姿であった。こうした「造型」のうちで、美術にかかわりの強い領域に着目すると、美術への求心性をもつジャンルすなわち工芸と、美術からの遠心性によって成り立つ運動すなわちアヴァンギャルドに挟まれた一帯が浮かび上がってくる。たとえをもちいれば、ちょうど土星の輪のように美術を巡って広がるボーダー・ゾーンの内周に工芸が、外周にアヴァンギャルドが配されているという格好である。

これを動態的に捉え返すならば、アヴァンギャルドという外周が、美術への否定によって遠心性を強めるのに比例して、内周たる工芸は、相対的に美術に接近するという動きを見出すことになる。美術の制度、あるいは美術界の「政治的無意識」（フレドリック・ジェイムソン）は、これを好機として、工芸をみずからに組み込む動きに出た。工業的なものに親近性をもつアヴァンギャルドの台頭に対して、美術と非美術の境界を明確化するために、工業よりも美術に親近性をもつ工芸に河川敷のような役割を振ったわけだが、そこには、美術も無縁ではいられない「生命思想」への予防措置（プリヴェンション）の意味も含まれていたのではないかと思われる。それはまた、アナーキックなアヴァンギャルドに呼応する者が美術の内部に登場するかもしれず、また、それによって美術内部に分裂の危機が惹起されるかもしれないことへの予防措置（プリヴェンション）でもあったろう。

　アヴァンギャルド運動の盛り上がりと並行して、工芸の制度への組み込みが急ピッチで進められた事由は、おそらく、以上のように捉えることができる。アヴァンギャルドは、美術の制度構築にとって「威圧の場」（サルトル）を形成する他者として登場し、その威圧によって、制度への工芸の組み込みは加速されたのである。この事態には、工業の外縁として美術との境を成すインダストリアル・デザインの台頭によっても加速されたのにちがいない。「デザイン」というジャンル名は未だ一般化されてはいなかったけれど、現在のいわゆるインダストリアル・デザインは、工業の発達と共にジャンル的な実在感を――「生活工芸」の台頭を危惧する正木直彦の発言にみられるように――増しつつあり、いわば見えざる第三の輪として美術を取り巻く「威圧の場」を形成していたと考えられるのだ。

そして、もしアヴァンギャルドに、日本社会が育んだ造型のミームの発現がみとめられるのだとすれば、同じ事態を、このようにいいなおすことができるだろう。外来の制度である美術は、このとき国粋主義時代以来初めて、荒ぶる地霊のざわめきに取り巻かれ、そのざわめきを鎮める必要から、地霊の属でありながら美術に親近性を抱く工芸を、美術の神殿に受け容れることを余儀なくされたのだ、と。

こうして工芸は、美術のボーダーに位置づけられることになったわけだが、その政治的機微については、別の観点から捉えることもできる。これについては、今村仁司の『排除の構造――力の一般経済学序説』の次の一節が、重要な観点を与えてくれる。今村は、妙薬と毒薬の意味を併せもつ「ファルマコン」という概念をもちいて、ある「組織体」が存立するためには、妙薬でもあり毒薬でもあるような「二重国籍者」を包摂する必要あるというのである。

どのような組織体にも、分離され孤立化されうる項ないし極には還元できない存在者が存在する。それがファルマコンであり第三項である。どんな組織体も、それ自体で存立し運動しうるためには、必ずファルマコン的存在者を産出する。組織体が組織体自身になるためには、ファルマコン＝第三項を排除することを通して、組織体の自体（アウトス）を産出する。組織体の自体の形成とファルマコン＝第三項の形成とは同時的である。組織体は、ファルマコンという二重国籍者を不可避的に包み込まざるをえないがゆえに、決して線状的な論理をもって組織体を記述することはできないのである(21)。

今村は、同書で「ファルマコン＝第三項」の排除を「犠牲生産過程」とも呼んでいるが(22)、「組織体」の存立が犠牲を必要とするメカニズムについては、生贄にかんするルネ・ジラールの指摘が参考となる。

ルネ・ジラールは『暴力と聖なるもの』のなかで、供犠とは社会に内在する暴力に対する予防措置(プリヴェンション)であり、その機能は、暴力が引き起こす復讐の連鎖を回避しつつ、「内部の諸暴力を鎮静化し、諸葛藤の爆発を妨げること」(23)にあるという。これを踏まえていえば、工芸が美術の領域に留め置かれたのは、美術に内在する暴力に対処する供犠の対象としてであったとする見方が成り立ちうるのではないだろうか。絵画と彫刻を「美術」として括り出す視覚性や事物性といった分類属性の策定は、あくまでも歴史的なものであって、けっして普遍的なものではない。平面性とイメージ性を本質とする絵画と、立体性と実在性を本質とする彫刻とのあいだには、つねに争闘と分裂の火種がくすぶっているとみることもできるのだ。明治初期における芸術分類上のウィーン体制を思い起こせば分かるように、絵画と彫刻は、音楽と文芸が異なるように異なるともいえるのである。しかも大正期における「生命思想」の社会的浸透は、分類体制に危機をもたらす可能性をもっていた。生命は、個別の相であらわれつつ、無差別な全体の相を同時に示すものだからである。

ところで、ジラールは、生贄の資格として、「それが身代りを果たすものたちに類似していなければならない」ことを挙げつつ、ただし、「類似は完全な同一化にまで進む必要はない」と述べている(24)。つまり、似て非なるものであることが生贄の条件であり、人間の場合でいえば、捕虜や、奴隷や、子どもなどがそれにあたる。すなわち、これらの存在は、共同体に対して「外的な種属、あるいは縁辺的種属」(25)である点で――つまり似て非なるものである点において――共通しているのだ。このことを美術という共同体にあてはめてみるとき、これらと同等の資格をほぼ完璧に有するジャンルは、ひとつしかない。工芸である。絵画や彫刻に類似しつつ、しかも、工業にもかかわる縁辺的な存在として、工芸は生贄の資格をもつのだ。

内国博の分類をたどってゆくと、こうした工芸の生贄としての資格が制度的に確認されたのは一八九三年(明治二八)の第四回内国博においてであったことがわかる。「美術及美術工芸」という部門名に示されるように、この回において、工芸(=美術工芸)は、美術でありながら、しかし、美術の外部でもある「ファルマコン=第三項」として規定されることになるのである。

中心と周縁の反転――美術館とアヴァンギャルド

奉讃展でスタートした東京府美術館は、その後、奉讃展の枠組みを基本的に踏襲しつつ、絵画・彫刻を中核部分に据え、工芸をその境界として位置づけてゆくことになる。

東京府美術館が開催した展覧会の記録をみてゆくと、書、盆栽、児童画、アマチュア絵画、ポスター、写真などの展覧会も開かれており、この点は、奉讃展の枠組みと大いに異なる。なかでも書、盆栽、写真、ポスターについては、これらを取り込むことによって、美術館は、美術の制度のキイストーンとしての在り方を曖昧化したかに一見みえる。とはいえ、これは「綜合」性という奉讃展のコンセプトが、時代の変遷のなかで増幅されつつ尾を引いたものと考えるのが妥当であろう。東京府美術館は、拡大する視覚－造型表現に対処するべく、「造型」のうちの美術の制度にまつわる部分を徐々に広く捉え返していったのだ。いいかえれば美術の頂点から裾野への広がりをグラデーショナルに、ただしボーダー・ゾーンを越えることなく拡張することで、美術のフレキシブルな「綜合」を目指したのである。美術制度のキイストーンとしての美術館の社会的役割を大局的にみるならば、このように捉えるのが、おそらく妥当なのだ。げんに、美術館における展示からは、美術への破壊的な悪意に充ちたアヴァンギャルドは排除され、純然たる工業製品も慮外に置かれていたのである。

一九四三年（昭和一八）に東京都制が施かれて「東京都美術館」と名が変わり、さらに敗戦を経たのちも、しばらくのあいだは事情に変化はなかった。一九四九年（昭和二四）に始まる読売新聞社主催の日本アンデパンダン展（読売アンデパンダン）において、美術に対する破壊性をもつアヴァンギャルドが登場したとき、「不快」という極めて主観性の強い概念を否定的根拠とする「東京都美術館陳列作品規格基準要綱」（以下、「規格基準」と略記）を以て、これを排除したのも、また、一九七〇年（昭和四五）に毎日新聞社主催の日本国際美術展（東京ビエンナーレ）が「人間と物質」展の名のもとにアヴァンギャルドを美術館に引き入れたときに、同じ基準によって規制を加えたうえに、「規格基準」を増補してアヴァンギャルドの進入を防遏しようとしたのも、叙上のような構えゆえのことであった。こうして、美術が無際限な「造型」へと拡散することを防ぎながら、この日本最初の美術館は、排除と同化のメカニズムによって周縁の力を中心の力に転嫁しつづけていったのである。

しかし、一九八〇年代に至ると、戦前戦後のアヴァンギャルドが、企画展を通じて東京都美術館に入り込むことになる。アヴァンギャルドに焦点化した一九二〇年代展が開かれ(26)、六〇年代に締め出しをくったアヴァンギャルドたちが、「規格基準」が往時のまま生きている東京都美術館で自作を展観に供することになるのである(27)。しかも、一九二〇年代展では工業製品さえも展示されることとなったのだった。

東京都美術館がアヴァンギャルドを、さらには機械までをも招き入れたことは、大正期に形成された美術－美術館の河川敷が破壊されたかのような印象を与える。しかし、これを、あまりおおげさに捉えない方がよい。というのも、すでに情報社会化のただなかにあった八〇年代においては、美術であれ、工業であれ、事物を作り出すことに価値を見出す意識が衰弱し始めていたからである。情報社会の進行が、脱工業社会の過程と裏表の関係にあったことはいうまでもあるまい。工業化社会のなかでジャンル形成された美術は、工業社会が遠のくなかで、部分的社会システムとしての境界をみずから維持することが困難になってしまったのである。このことは、八〇年代当時の美術状況に目を向ければあきらかだ。その頃、すでに美術の中心は、絵画・彫刻から、アヴァンギャルド系へと転位していたのである。美術における中心と周縁が反転現象を起こしたわけで、絵画・彫刻を中心とする「綜合」という美術館草創以来のコンセプトによっては、美術を「綜合」することが不可能になってしまったのだ。

もっとも、八〇年代は、ニュー・ペインティング現象にみられるように、六〇年代アヴァンギャルドを否定する絵画復権の動きがさかんになった時代であり、この点に照らすならば、東京都美術館におけるアヴァンギャルド展の開催は、アヴァンギャルドを無害な過去として歴史化する企てであったとみることもできないではないのだけれど、そのようなさかしらが通用するほど、アヴァンギャルドの根は浅いものではなかった。造型のミームのざわめきは、そうかんたんに熄むものではなかった。八〇年代から九〇年代にかけて、美術界の表層を波立たせた絵画の復権の動きと、それに続く彫刻の復位要求運動の深層で、アヴァンギャルディズムは、たとえば「パレルゴン」（一九八一年開廊）や「レントゲン芸術研究所」（一九九一年開廊）のようなスペースに拠って、あいかわらず美術に対する鎌を磨きつづけていたのである。それればかりではない。そもそも絵画や彫刻の復権が、かしましく問題にされることじたいが、明治以来、営々と築かれてきた美術ジャンルの受け身の立場を示していたとみるべきなのだ。

しかし、いずれにせよ——アヴァンギャルドに与したのであるにせよ、それを無害な歴史としてさらしものにしようとしたのであるにせよ——大正以来のしがらみのなかで団体展との腐れ縁にがんじがらめになっていた東京都美術館に、もはや新生の力はなかった。一九七二年に老朽化と狭隘さを理由に東京府美術館以来の建物が取り壊され〔図16〕、一九七五年に新しい建物が竣工するが、中心と周縁の反転を経て、なお美術の制度を護持し、開館以来の「綜合」のコンセプトをまっとうするうえで、この建替えは、何の意味もなさなかった。コンセプトをまっとうするためには、どうしても新たな制度的拠点が必要であった。新たなキイストーンが差し込まれなければならなかったのである。そこで要請されたのが「東京都現代美術館」〔図17〕であった。この美術館が開館したのは一九九五年——阪神淡路大震災とオウム真理教による地下鉄サリン事件とによって記憶されるこの年は、東京府美術館の開館から数えて六九年目にあたっていた。二〇年代とも六〇年代とも異なるアヴァンギャルドが、「ネオ・ポップ」の名のもとに二一世紀へ向けて台頭しつつある時代のさなかのことであった。

図16　解体工事中の旧東京都美術館

図17　東京都現代美術館

エピローグ——美術／ナショナリズムの彼方へ

工芸品を、鑑賞性と実用的機能性を併せもつ事物と定義するならば、それは民衆と最も広い接触面を有するジャンルだといえる。日々の生活において、ひとびとは、質の高低はともかく、「工芸」の名にあたいする事物に必ずといっていいほど接しているはずなのだ。つまり、工芸は、美術愛好家における圧倒的多数派を形成する潜勢力をはらんでいるわけであり、工芸に比すれば絵画や彫刻の愛好者たちはマイノリティであるとさえいえるだろう。しかし、それにもかかわらず、絵画や彫刻が美術のセントラルな領域を占めつづけているのは、これら日本における美術のマイノリティが、近代世界システムによって支えられてきたからにほかならない。

だが、このような美術観は、美術の現場から大きなズレを生じ始めている。いいかえれば、美術は旧来の定義では捉えがたいものになってしまった。美術は、パフォーマンスを介して演劇と相通ずるし、インスタレーションにおいて建築と相通ずるようになった。また、コンセプチュアル・アートのように概念性に重きを置くケースもみられる。いまやムーヴィーのない現代アート展は考えられないし、ヴィジターの参加を求めるインタラクティヴ・アートも衆知のものとなりつつある。鑑賞性を超えて——あるいは、鑑賞性を〝準用〟することで——社会現実に介入する企ても行われている。

こうした事態にかんして、単純に「美術」の語を用いるわけにはいかない。鑑賞的価値をともなう視覚性や造型性によっては捉えきることができず、さりとて、これら以外の分類属性を特定することもむつかしいからである。従来の意味での「美術」ジャンルには属さないが、しかし、とりあえずそれとのかかわりで捉えられているといった「家族的類似」とでもいうほかない緩いつながりによってまとまりを保っているにすぎないのだ。このような有りようは、「アート」という語が——「美術」であり、「芸術」であり、さらには、実用性の次元も備える「技術」でさえもあるような多義的な英語に由来するこの外来語が——「美術」にとってかわりつつあることにも示されている。

ズレが生じ始めた最も大きな動因としては、「近代」と呼ばれてきた時代が遠ざかるにつれ、視覚偏重の発想も、造型の重視も力を失ってしまったことが考えられる。「美術」は解体－再編の過程に入っているのだ。

解体－再編の事由が正当であると考えるならば、その過程を加速するに如くはない。では、美術の解体－再編の加速は、いかにして可能となるのか。また、この過程がゆきつくのは如何なる場所なのだろうか。その手がかりを、既成の美術ジャンルにもとめるならば、絵画の対極に位置するジャンル、したがってまた、美術のボーダー・ゾーンに位置しつづけてきたジャンルを措いてほかにない。そのジャンルとは、すなわち工芸である。

工芸は、絵画、彫刻というメジャーなジャンルには編入しがたい、もろもろのジャンルの総称であり、マイナーな技法の寄せあつめ、いいかえれば複数的（プルーラル）な存在である。つまり、工芸に属するジャンル間には、現代アートがそうであるように「家族的類似」しか見出されないのだ。ひとくちに「工芸」というものの、その内実は、さまざまな技法－材料の複合性によって成り立っているのである。

しかも、「工芸」という名でひとくくりにされる各ジャンルにおいても、複数性（プルーラリティ）は見出される。たとえば、陶芸の場合がそうだ。陶土や磁土による造型は世界的な広がりをもつが、様式（スタイル）を指標に日本へ向けて絞り込んでゆくと、まずは東アジア的な造型のネットワークが視野を覆い、さらに日本列島に向けて絞り込むと、列島各地に散在する窯場のそれぞれに――壺屋、薩摩、伊万里、萩、備前、丹波、信楽、瀬戸、万古、常滑、美濃、越前、九谷、益子……などに収斂してゆくことになる。しかし、これらを貫く日本的特性とでもいうべきものは必ずしも分明ではない。そこに「家族的類似」を見出そうとしても、「家族」の範囲は、しばしば国境を越えた広がりをもつことになる。つまり、ネイションにあたるレベルが浮かび上がってこない、もしくは、複数性（プルーラリティ）としてしか、それがみえてこないのだ。思うに、「日本」で生産されてきた陶磁器は、たとえば「日本画」のような単一の表象（リプレゼンテーション）－代表をもちがたいのである。あるいは、強いて日本陶磁器の伝統的特質なるものを挙げようとしても、歴史をさかのぼるにつれて、その特質は、東アジア的な造型のネットワークへと分散せずにはいないだろう。

こうした曖昧さは、しかし、決して工芸の弱点や欠点を成すものではない。むしろ、曖昧さゆえに工芸は、「美術」概念のもとに統合されてきた視覚造型の体制が抱え込む諸矛盾を鋭く照明する光点ともなり、また、体制を批判的に突破するための焦点ともなりうるのである。このような在り方は、思うに、社会や国家の現在について考えるよすがともなるのにちがいない。

このことは、『ナショナリズムと想像力』でガヤトリ・C・スピヴァクが、グローバリゼーション下における「国家の再発明」について語っているところと符合する。彼女は、「民族主義者（ナショナリスト）が唱えるアイデンティティ主義という重荷を捨て、市民国家（civic state）を再発明し、ネイションの境界を超えて批判的地域主義（critical regionalism）に向かって進むこと、これこそが今日私たちが取り組むべき課題である」(1)としたうえで、人文学者としての職務について、次のように述べているのだ。ここにいう「人文学者」を「アーティスト」に、「国家」を「工芸」に、「諸言語」を工芸に属する「諸技法」に、また、「文化ナショナリズム」や「ナショナル・アイデンティティ」を「芸術‐美術」に、それぞれ置き換えて読んでみてほしい。そのとき、見出されるのは「工芸」の地域主義的で民主的な複数性（プルーラリティ）であり、望まれるべき「アート」の在り方でもあるだろう。

人文学の教師には多くの務めがありますが、そのひとつは、国家（ステイト）の（中略）民主的構造に、文化ナショナリズムという重荷を背負わせないようにすることです。繰り返します。諸言語を用いることによって鍛えられた想像力は、ナショナル・アイデンティティがみずからを真理だとする主張を解体するかもしれず、したがって、国家（ステイト）の働きを覆い隠す文化ナショナリズムと（中略）私たちとの結びつきを解いてくれるかもしれないのです(2)。

スピヴァクからのこの引用を以て本書の結びに代えようと思う。

註

プロローグ

（1）いわゆる「工芸」に代わる言葉は一般に「美術工芸」である。しかるに、『広辞苑』（第四版）の「美術」の定義には「工芸美術」という名称が用いられている。たまたま手元にあった辞書を開いただけのことなのだが、この語を目にしたとたん、急速に疑惑の念にかられた。そもそも「美術」の定義に「美術」を含む語が出てくることじたい問題だが（トートロジー！）、「工芸美術」という語にも疑問を抱かざるをえない。

語構成に注目していえば、「工芸美術」の意味するところについては、ふたつのケースがありうる。ひとつは Arts and Crafts の意味で、たとえば「上海工芸美術博物館（Shanghai Museum of Arts and Crafts）」が、その例として挙げられる。いまひとつは、「工芸」にかかわる「美術」というほどの意味であるが、この可能性は低い。現在、「工芸」は「美術」の一ジャンルであるからだ。つまり、「美術」ではない「工芸」が存在することになってしまい、現在の語感から遠ざかってしまうのである。だから、たとえば、「演劇歌舞伎」もしくは「歌舞伎演劇」というような違和感が、この語にはつきまとうのだ。

とはいえ、「工芸」と「美術」を異なるものとみる見方は、すくなくとも明治中期までは一般的であった。たとえば、一八八九年（明治二二）の帝国博物館の蔵品分類には、「美術部」、「美術工芸部」、「工芸部」という分類名が見出されるのだが、この分類名の原案となった九鬼隆一の文書では、「美術」、「工芸美術」、「工芸」となっており、それぞれに「ファインアート」、「アートインダストリー」、「インダストリー」と仮名が振られているのである。つまり、蔵品分類にみえる「美術工芸」が「工芸美術」と入れ替わり、それを Art Industry に対応させているわけだが、『広辞苑』（第四版）の「工芸美術」は、あるいは、このあたりに遠い起源をもっているのかもしれない。

帝国博物館の蔵品分類名「美術工芸」は、内国勧業博覧会などにみられる当時の用法に鑑みて「美術」にかかわる「工芸（＝工業）」——あるいは、「工芸（＝工業）」にかかわる「美術」——という意味に解することができる。すなわち、この語は、いまなら「インダストリアル・デザイン」と称されるであろうArt Industryより、Arts and Craftsの意味に近い。工業本位ではなく、さりとて美術本位でもなく、andによって示される二つの集合の積――artsとcrafts（＝手工業）の重なり合う部分を示していると考えられるのであり、このことは、たとえば瀧精一が一九〇七年（明治四〇）刊行の『芸術雑話』のなかで、「美術工芸」は「実用にも適し、装飾にもなる」ことが要諦であると述べていることにも示されている。また、現在の日本において、「美術工芸」がArts and Craftsの訳語として、すでに定着をみていることも、これを裏づけている。たとえば、Arts and Crafts Movementは、「美術工芸運動」と訳すのが一般的だろうし、同様の事例は公立の大学名にもみとめられる。たとえば「秋田公立美術工芸短期大学」の英語名はAkita Municipal Junior College of Arts and Craftsなのである。

ところで、「美術工芸」という名称は、現在の日展のはるかな前身にあたる帝国美術院展覧会の工芸部門名にも用いられていた。これも、やはりArts and Craftsの意味と受け取るべきだろうが、日展においては、しかし、工芸部門名は「美術工芸」ではなく、「工芸美術」となっている。これは中国語の例に倣ったものか、それとも、非美術品の展示を予想してのことか、たしかなところはわからないものの、あるいは、「用即美」を提唱した「実在工芸美術会」あたりに由来するとみるべきかもしれない。同会の中心人物であった高村豊周は日展において大きな影響力をもっていたからである。

とまれ、『広辞苑』（第四版）の「美術」の定義にあらわれる「工芸美術」については、この版の項目執筆の助言者となった人物と照らし合わせつつ、また、第四版刊行当時の〝権威〟ある展覧会や美術学校における分類名も参照しながら、別途、考察を加える必要があるだろう。ちなみに、現行の『広辞苑』（第六版）の「美術」の項目では「工芸美術」が「工芸」と改められている。

（2）拙稿「「美術」概念の形成とリアリズムの転位」（『境界の美術史――「美術」形成史ノート』〈ブリュッケ、二〇〇〇〉所収）および『定本　眼の神殿――「美術」受容史ノート』（ブリュッケ、二〇一〇）も参照されたい。

第I章　「美術」の形成と諸ジャンルの成り立ち

（1）「澳国維納博覧会出品心得」第二ケ条第二十二区、青木茂・酒井忠康編『日本近代思想大系』第一七巻「美術」（岩波書店、一九九六）、四〇四頁。いうまでもないことながら、現在では、視覚芸術は「美術」と呼ばれ、音楽や文学を含むその上位概念は「芸術」の語を以て言い表されている。事例を挙げれば、東京芸術大学が美術学部と音楽学部から成っていることに、このことはあきらかである。

（2）大久保利通「博物館ノ議」、東京国立博物館編『東京国立博物館百年史』（東京国立博物館、一九七三）、一二八頁。

（3）WELTAUSSTELLUNG1873INWINE.GRUPPEN-EINTHEILUNG.PROGRAMM. p.6　一九世紀後半に広く使用されるようになるこのドイツ語は、現代語では「産業芸術」と訳すことができる。ウィーン万国博の「第二十二区」は、ほんらい「工業上」の三文字で始まるべきところであったのに、誤植など何らかの事情で欠落したのではないかと思われる。

（4）「明治十年内国勧業博覧会区分目録」、青木茂・酒井忠康編『日本近代思想大系』第一七巻、「美術」（岩波書店、一九九六）、四〇五～四〇六頁。

（5）『明治十年　内国勧業博覧会　出品目録　OFFICIAL CATALOGE OF THE NATINAL EXHIBITION OF JAPAN.』（博覧会事務局、一八七七）、二二頁。

（6）東京国立文化財研究所編『内国勧業博覧会美術品出品目録』（東京国立文化財研究所、一九九六）参照。

（7）「明治十年内国勧業博覧会区分目録」及び「第二回〈明治／十四年〉内国勧業博覧会区分目録」、青木茂・酒井忠康編『日本近代思想大系』第一七巻、「美術」（岩波書店、一九九六）、四〇五～四〇七頁。第二回内国博「美術」部門の第四類は、第一回内国博の第五類「百工及ビ建築学ノ図案、雛形、及ビ装飾」に対応しており、其一の「工芸上製品ノ図案、並ニ雛形」は、第一回博第五類其一の「百工図案、並雛形」と同じ意味と解することができる。しかるに、「百工」は、明治期の英和辞典によると当時 industry の訳語として用いられていたから、ここにいう「工芸」も、その意味にとることができるわけである。ただし、第二回内国博の報告書所載の福田敬業「美術概論」の「第四類」の評論には「工芸ノ製品建築装飾図案雛形等ハ工業上必要ナルモノナレドモ諸工人未此域ニ歩ヲ進ル者甚タ稀レニシテ評スベキモノモ亦稀ナリ」とあり、「工芸」と「工業」の微妙な差異をにおわせているのが注意を引く。

また、青木茂編『高橋由一油画史料』に、「陶銅漆器」という言葉を含む文書が見出される（たとえば文書番号一－八）。こうした具体名の列挙が一括名称として使われていたという事実は、「工芸」概念の不在を告げていると解することができるだろう。第一回内国博の「陶磁器及ビ玻璃ノ装飾○雑嵌細工及ビ象眼細工」についても同じことが指摘できるし、第二回内国博で「書画」の類に「陶、磁、玻璃、及ビ七宝器ノ画」という項目があるのも、工芸というジャンルの不在を示している。とはいえ、工芸が徐々にまとまりを成しはじめていたことを、ここから読み取ることも決して不可能ではないのだけれど。

ところで、工業製品は、第一回内国博では「第二区　製造物」に、第二回内国博では「第二区　製造品」に属しており、「美術」は、いずれにおいても「第三区」に割り振られていたのだが、第二回内国博においては、「製造品」に属する窯業製品、ガラス製品、七宝、金属製品、漆器のそれぞれに「但美術ヲ示スモノハ第三区」という但し書きが付されていて、美術と工業の差異化がはかられている。

とはいえ、「製造品」部門の「第十一類　衣服及ビ装飾」の「其七」には「錦画、草双紙、及ビ妙技ヲ主トセザル書画、砂画等」とあり、当時の「美術」観と現在のそれとの距離を思い知らされる。文面からすると、「妙技」を主とするとしないとにかかわらず、「錦画」は、工業製品の同類として遇されていたのだ。「錦画」に対する評価が、西洋のジャポニズムの影響によって高まる以前の発想が、ここに影を落としているわけだが、明治の「美術」観が、現在のそれと如何に大きく異なるかを示す格好の例というべきだろう。

(8) 柳宗悦「工芸文化」、『柳宗悦全集』第九巻（筑摩書房、一九八〇）、三六〇～三六六頁。江戸時代以前に工芸品が「絵画の場所」であったというのは、江戸時代の画家たちが「工芸」という自覚をもって制作したということをむろん意味しない。これは、江戸時代までの絵画の多くが現在の「工芸」という枠組みを以て捉え返しうるということを意味するにすぎない。また、「絵画の場所」はたんなる支持体ではない。それは、たとえば陶磁器の絵付けをみればあきらかなように、画面の成り立ちに――モティフにかんしても、構成法にかんしても、矩形の平面として制度化された現在の画面とはまったく異なるかたちで――内的に関与する。

(9) 「第三回内国勧業博覧会出品部類目録」、青木茂・酒井忠康編『日本近代思想大系』第一七巻、「美術」（岩波書店、一九九六）、四〇七頁。

(10) 「第三回内国勧業博覧会出品主心得」、『第三回内国勧業博覧会事務報告』（第三回内国勧業博覧会事務局、一八九一）、二一七頁。

(11) 「美術区分の問」、『大日本美術新報』第一一号（一八八四）、二〇頁。

(12) 河瀬秀治「応用美術の大意」、『大日本美術新報』第二〇号（一八八五）、七頁。

(13) 註10に同じ。

(14) 中江兆民「当年の内国大博覧会に就て」、『中江兆民全集』第一三巻（岩波書店　一九八五）、三四九頁。

(15) 『仏国巴里万国大博覧会報告書』（農商務省、一八九〇）、一九四頁。一八八八年パリ万国博と第三回内国勧業博覧会の関係については、國雄行『博覧会と明治の日本』（吉川弘文館、二〇一〇）から示唆されるところがあった。

(16) 「仏国巴里府ニ於テ開設ノ大博覧会ニ参同ノ件」、『外務省記録　明治自十七年至廿六年　仏蘭西国巴里開設万国博覧会ニ帝国政府参同一件』第二巻。

(17) 『官報』第一五五〇号（一八八八年八月二八日）。

(18) Ministère du Commerce et de L'industrie. EXPOSITION UNIVERSELLE DE 1889, À PARIS. RÈGLEMENT GÉNÉRAL. p.9

(19) 註15に同じ。一〇八～一〇九頁。

(20) 註19に同じ。欧語綴字は史料どおり。

(21)『仏国巴里万国大博覧会報告書』(農商務省、一八九〇)、一一〇頁。

(22)「第四回内国勧業博覧会規則」、『第四回内国勧業博覧会事務報告』(第四回内国勧業博覧会事務局、一八九六)、一一六頁。参考までに内国勧業博の分類の変遷について、この場を借りて若干のコメントをしるしておく。

大づかみにいうと第一回から第四回までの分類は、鉱業もしくは工業にはじまり、美術をはさんで、次に農業が配置されるというかたちになっている。ここには工業化社会への志向がはっきりとみてとられる。それが、大きく変わるのは、第五回においてである。この回に至って、農林業が工業を出し抜いてトップに置かれることになるのだ。『第五回内国勧業博覧会報告　上巻』の博覧会規則の解説は、この変更について、シカゴ万国博の「例ニ於ルガ如ク」に、天産を初めとして農業から鉱業までを列し、次いで「製造」を配置して「工業及機械」に始まり「美術及美術工芸」に至る順序としたと説明している。この位置転換について、内国博の審査官を代表して正木直彦が同博の審査報告のなかで「農林水産等ノ天産物ヲ始メトシ教育及美術ヲ最後ニ置ケルハ現代的思想ニ反シタルモノト謂ハザル可カラス」と批判を投げかけている。「天産ヲ頼ミテ富国ノ基トナセルハ世界交通ノ開ケザル旧時代ノ見解ニシテ、宇内ノ進運ニ伴ヒ競争ノ大勢ニ後レザラントスルニハ、人ノ智識ヲ開発スル教育及凡百ノ意匠技巧ノ源タル美術ニ最モ重キヲ置クベキナリ」というのである。

当時の世界史的趨勢に照らすとき、正木の指摘は、じゅうぶんうべなえるところであるが、しかし、国内的な状況に照らすならば、第五回内国博における分類の転換に正当性が認められないでもない。転換の事由はふたつある。

まず、都市化にともなって米穀需要が急増し、安価な外米の輸入に頼らざるをえなくなった大状況――第五回内国博の年から外米依存率が著しく高まった――があり、これと関連して、産業革命の進展にともなう農村から都市への人口流入が挙げられる。主として、こうした動きが、農村を疲弊させ、農業への政策的関心を増進させたのであった。内国勧業博覧会における工業と農業の地位交替の背景には、おそらく、こういう状況が控えていたのだ。農業政策として結局は挫折したものの、柳田国男が農商務省にあって、企業としての農業の在り方を追究していたのも、このころのことであった。

また、産業革命が、すでに一応の進展をみたことも転換の事由として挙げられる。一九〇一年（明治三四）に八幡製鉄所が操業を開始したことにみられるように、産業革命は既定路線となっていたのである。ただし、このことは、工業化が軽工業の段階から重工業の段階へと転換しつつあったことを示すにすぎないともいえる。産業革命のプロセスは、なおも進行中であったわけで、決して過去のものとなってはいなかったのだ。つまり、工業化を目指す啓蒙の重要性は決して失われてはいなかったわけだが、こうした状況は、「工業」部門が、「化学工業」、「染織工業」などの部門に分かれ、十部門中四部門を占めて、量的にはむしろ増大していることに示されているということができるだろう。

では、なぜ、ここに至って美術部門が教育部門をはさんで工業と切り離され、しかも最後尾に置かれることになったのだろうか。これについては、美術行政の主軸がシフトしたことが事由として挙げられる。古社寺保存法の施行に関連して佐藤道信が『〈日本美術〉誕生』で指摘しているように、古美術品の海外流出を防止するために、美術行政の関心の重点が、新作から古美術の保護へと移動していたのである。また、世界貿易拡大にともなう輸出入商品の構造が大きく変化し、もともと付け焼き刃的発想でしかなかった工芸品の輸出奨励が、もはや時代遅れになってしまっていたことも分類変更の遠因となったと考えられる。明治一〇年代半ば以降、輸出向けの工芸品は、粗製濫造の廉を以て信用を失墜していたのだ。

また、美術と工業の分断は、分類の近代化の進展を背景にしていたとも考えられる。このことは、審査報告のなかの正木直彦の言葉に、はっきりと示されている。「将来ノ博覧会ニ於テハ（中略）美術館ヲ以テ純然タル美術ノ一大競技場トナシ工芸家（＝工業家—引用者註）ヲシテ唯一ニシテ且完全ナル出品区ニ向テ全力ヲ揮ハシメ以テ工業部ノ面目ヲ施シ充分ナル光彩ヲ発揚セシメンコト最モ公正穏当ナル処置ニシテ」云々と、正木は記しているのである。ここには、一九〇〇年のパリ万国博にさいして、工芸品が美術部門から分離されたことの反映を見出だすことができるのだが、それ以上に重要なのは、かかる発想の背景に社会分業論が控えていたことだろう。産業革命へ向かう産業再編成のなかで工業の領分に組み込まれた美術は、明治二〇年代以降、工業とは別の存在として自律性をみとめられるようになっていたのである。これが、工業の自律性と裏表の関係にあったことはいうまでもない。

ちなみに、この回を以て内国勧業博覧会が終焉を迎えた事由としては、殖産興業上の必要が弱まったということが第一に挙げられるが、その背後には、日清戦争に勝利し、条約改正にも成功した日本国には、内国博以上にアジア博覧会もしくは万国博覧会こそがふさわしいという認識がはたらいていた。

(23)「第四回内国勧業博覧会規則」、第四回内国勧業博覧会事務局編『第四回内国勧業博覧会事務報告』(一八九六)、一一六頁。

(24)『官報』第四四五一号(一八九八年五月五日)。また、『千九百年巴里万国博覧会臨時博覧会事務局報告上』(農商務省、一九〇二)、六六七頁。なお、この「出品規則」制定をめぐるさまざまな問題については大熊敏之「明治「美術」史の一断面――一九〇〇年パリ万国博覧会と帝室および官内省」(『三の丸尚蔵館年報・紀要』創刊号、一九九六)が踏み込んだ考察を加えている。

(25)『京都美術協会雑誌』第七〇号(一八九八)「雑報」、三四頁。(ただし、傍点を省略した)

(26)『京都美術協会雑誌』第七二号(一八九八)「雑報」、一一頁。

(27)『千九百年巴里万国博覧会臨時博覧会事務局報告 上』(農商務省、一九〇二)、一九一頁。

(28)太政官編集課日誌掛編『澳地利博覧会』、二五丁。丸括弧内のドイツ語は、WELTAUSSTELLUNG 1873 IN WINE.GRUPPEN-EINTHEILUNG. による。欧語綴字は史料どおり。

(29)東京芸術大学百年史刊行委員会『東京芸術大学百年史 東京美術学校篇』第一巻(ぎょうせい、一九八七)、一一二頁。

(30)「工部美術学校諸規則」、青木茂・酒井忠康編『日本近代思想大系』第一七巻「美術」(岩波書店、一九九六)、四三一頁。

(31)拙稿「「日本画」概念の形成にかんする試論」参照、『境界の美術史――「美術」形成史ノート』(ブリュッケ、二〇〇〇）所収。

(32)「東京国立博物館列品分類の変遷」、青木茂・酒井忠康編『日本近代思想大系』第一七巻、「美術」（岩波書店、一九九六）、四二〇頁。

(33) 東京芸術大学百年史刊行委員会編『東京芸術大学百年史　美術学校篇』（ぎょうせい、一九八七）第一巻、一五五頁、一六七頁。

(34)「明治十五年内国絵画共進会規則」第三条・第六条、青木茂・酒井忠康編『日本近代思想大系』第一七巻、「美術」（岩波書店、一九九六）、四二一頁。

(35) 小山正太郎「書ハ美術ナラズ」、『東洋学芸雑誌』第八～一〇号（一八八二）。

(36) 佐野常民「明治十五年内国絵画共進会審査報告弁言」、東京国立文化財研究所美術部編『明治美術基礎資料集』（東京国立文化財研究所、一九七五）、五六九頁。

(37) たとえば前田健次郎（香雪）が『龍池会報告』第九号（一八八六）に寄せた「画工諸君ニ一言ス」で、「中世以降画師ハ文雅ノ一方ニ偏シテ」、工芸意匠に関与しなくなり、「我ハ蒔絵師ノ下職ニアラズ、陶器画工ノ輩ト同一ノ者ニアラズト狭隘ナル見識ヲタテ、之ニ管与セザルヲヨキ事ト思惟スル」ようになったと指摘している。

(38) 註34に同じ。第三条。なお、第二回の規則第四条（同書、四二四頁）ではそこに「繍絵」が加えられている。

(39) 拙稿「油画と工芸――高橋由一没後百年にさいして」参照、『アヴァンギャルド以後の工芸――「工芸的なるもの」をもとめて』（美学出版、二〇〇〇）所収。

(40)「明治十五年内国絵画共進会規則」付載「内国絵画共進会区分目録」、青木茂・酒井忠康編『日本近代思想大系』第一七巻「美術」（岩波書店、一九九六）、四二三頁。ただし、この区分目録の第六区「第一区ヨリ第五区迄ノ諸派ニ加ハラザルモノ」は、正統画派以外の流派に当てられており、西洋画法を以て立つ五姓田派が出品している。

(41) 註10に同じ。一四頁。

(42)「工芸品共進会出品人心得」、『東京府工芸品共進会報告』(東京府、一八八八)、一六頁。

(43)「第四回内国勧業博覧会鑑査規則」、『第四回内国勧業博覧会事務報告』(第四回内国勧業博覧会事務局、一八九六)、二六五頁。

(44)「美術展覧会規程」第二条、日展史編纂委員会編『日展史』第一巻「文展編 一」(日展、一九八〇)、五〇五頁。

(45)註44に同じ。

(46)「帝国美術院美術展覧会規程中改正」第二条(日展史編纂委員会編『日展史』第八巻「帝展編 三」(日展、一九八二))、六五五頁。

(47)「工芸」概念については、前田泰次の「明治時代の工芸概念について」(『美術史』第一一号、一九五四)や『現代の工芸』(岩波書店、一九七五)、鈴木健二の「工芸」(『原色現代日本の美術』第一四巻、小学館、一九八〇)、樋田豊次郎の「美術工業」(日本洋画商協同組合編『日本洋画商史』所収、美術出版社、一九八五)、日野永一「万国博覧会と日本の「美術工芸」」(吉田光邦編『万国博覧会の研究』所収、思文閣出版、一九八六)、稲賀繁美「「工芸」の脱構築のために」(『工芸』第一号、一九九七)、森仁史『日本〝工芸〟の近代——美術とデザインの母胎として』(吉川弘文館、二〇〇八)などの論考があり、それぞれ重要かつ興味深い知見を示している。

(48)註47の鈴木健二「工芸」、一三二頁。ただし、引用は『大隈文書』による。

(49)久米邦武編著『特命全権大使米欧回覧実記』(岩波文庫版第三巻、一九九六)、一九七頁。

(50)「提要」、東京国立博物館編『東京国立博物館百年史』(東京国立博物館、一九七三)、二五一頁。佐藤道信氏の示唆による。

(51)久米邦武編著『特命全権大使米欧回覧実記』(岩波文庫版第五巻、一九九六)、二一三頁。

(52)土井忠生・森田武・長南実編訳『邦訳日葡辞書』(岩波書店、一九七五)、一四一頁。

(53)東京国立博物館編『東京国立博物館百年史』(東京国立博物館、一九七三)によると、博物局は一八七六年

（明治九）に列品分類を改編し、それまでの「工業物品」を「工芸部」と称すると同時に「農業山林部」を新たに立てている（一四四〜一四五頁）。つまり、「農業」に対して「工芸」という名が用いられたわけであり、これについては、さらに語誌的検討を要する。ちなみに、このおりに「芸術部」という分類も設けられ、「美術ト有用芸術トノ区別ヲ詳明ニ」するべく「工芸部」と「史伝部」から物品が移された（「博物局第二年報」、同書「資料編」、六三一頁）。

(54)「発行ノ趣旨」、『京都美術協会雑誌』第一号（一八九二）、二頁。

(55) 国立国語研究所編『国定読本用語総覧』第二巻第二期［あ〜て］（三省堂、一九八七）、三九〇頁。

(56) 作道好男・江藤武人編『紫匂ふ比叡のみ山——京都工芸繊維大学工芸学部七十年史』（財界評論新社、一九七二）、二二一〜二二四頁。

(57) 塩田力蔵「美術工芸に就て」、『日本美術』第五七号（一九〇三）、二〇頁。

(58) 註57に同じ。二二頁。

(59) 無記庵（大村西崖）「芸苑饒舌（十五）」、『読売新聞』一八九八年九月一五日。なお、この論争の発端となった塩田力蔵「美術工芸と形式美」は「金杉歯男」の筆名で同年の『読売新聞』八月二九日から九月一三日まで断続的に一一回にわたって連載されたものであり、これを大村西崖が「芸苑饒舌」の第一四回・一五回で批判し、また、同年九月一七日、一八日の同紙に高田紀三が「美術と工芸との区別を論ず」と題して塩田への批判を寄せた。『美術評論』第一四号（一八九七年一〇月三日）の「時事」はこの論争にふれて塩田説を「僻説」としている。また、大村西崖は同誌第一五号（一八九八年一〇月二七日）に掲載の「自然美」、「形式美」、「美の受容」という三篇の評論で自説を原理的に展開している。

(60) 大村西崖「造形芸術ノ彙類」、『京都美術協会雑誌』第五三号（一八九六）、二頁。

(61) ただし、「工芸」が「美術」を要件とするという発想は、すでに明治一〇年代末にみられはする。たとえば『龍池会報告』第四号（一八九五）に載る塩田真の「陶漆器ノ販路ヲ拡張スル方策」には「凡工芸品ハ美術ニ拠ラザル可ラズ」というくだりが見出される。しかし、「凡」とはいうものの、これは、工芸品による輸出伸長をめざす美術行政的発想に結びついた特殊な用例とみるべきだろう。

(62) 註24に同じ。

(63) 『千九百年巴里万国博覧会臨時博覧会事務局報告　下』（農商務省、一九〇二）、四九七～四九八頁。

(64) 宮島久雄「京都高等工芸学校設立前史」、『京都工芸繊維大学工芸学部研究報告　人文』第四三号（一九九五）参照。

(65) ゲオルク・ジンメル（北川東子、鈴木直訳）「橋と扉」、『ジンメル・コレクション』（ちくま学芸文庫、二〇〇九）、一〇〇頁。

(66) 山本五郎「美術ト工業トノ区別」、『日本美術協会報告』第二一号（一八八九）、二九～三〇頁。

第Ⅱ章　美術とナショナリズム／ナショナリズムの美術——あるいは「工」の解体

(1) 大森惟中「例言」、『明治十年内国勧業博覧会出品解説第四区機械』（内国勧業博覧会事務局、一八七八）、一頁。ちなみに、この回の列品分類では、「美術」部門（第三区）が、「製造物」部門（第二区）と「機械」部門（第四区）のあいだに置かれている。この位置は、「工業」概念の変化をともないつつ工業化社会へと向かう時代の「美術」の社会的イメージを、よく示しているといえるだろう。

(2) 佐藤道信「「美術」と階層——近世の階層制と「美術」の形成」、『MUSEUM』第五四五号（東京国立博物館、一九九六）、五七～七六頁。

(3) 柳源吉編『高橋由一履歴』、青木茂・酒井忠康編『日本近代思想大系』第一七巻「美術」（岩波書店、一九九六）、一七〇頁。

(4) 匠秀夫『日本の近代美術と幕末』（沖積舎、一九九四）、二一四～二一五頁。

(5) 註3に同じ。一七一頁。

(6) 註3に同じ。一七二頁。

(7) 註3に同じ。一七三～一七四頁。

(8) 高橋由一「螺旋展画閣創築主意」、青木茂編『高橋由一油画史料』(中央公論美術出版、一九八四)、三〇五頁。
(9) 「明治五年博覧会出品目録　草稿」、東京国立博物館編『東京国立博物館百年史　資料編』(東京国立博物館、一九七三)、一五三頁。これに関連して思い起こされるのは、グザヴィエ・ド・ラングレが『油彩画の技術』のなかで、油彩画と漆芸の関係に思いを巡らせていることだ。ラングレは、「大旅行家であるフランドルの人びとが、自分たちの手に入る物質を使い、西欧的なテンペラメントに従って、漆の技法を置き換えたのであろうか」(黒江光彦訳)といい、両者に「親子関係」がみとめうることを示唆しているのである。もし、そうだとすれば、由一は、東洋と西洋が大きな円環を描いて結びあわさせる、その結び目に位置していたといえるだろう。
(10) 「工業総載」、古事類苑編纂事務所編『古事類苑』産業部一(吉川弘文館、一九七〇)、四八五〜五一〇頁。
(11) 黒川真頼ほか編述『工芸志料』(博物局、一八七八)。
(12) 黒川真頼「工芸志料序」、黒川真頼ほか編述『工芸志料』(博物局、一八七八)、三頁。
(13) 「工部省ヲ設クルノ旨」、『大隈文書』イ一四 - A四五五。
(14) 竹越与三郎「新日本史　中」、松島栄一編『明治文学全集』第七七巻「明治史論集〈一〉」(筑摩書房、一九五六)、一六七頁。
(15) WELTAUSSTELLUNG 1873 IN WINE.GRUPPEN-EINTHEILUNG. による。
(16) 「澳国維納府博覧会出品心得」、青木茂・酒井忠康編『日本近代思想大系』第一七巻「美術」(岩波書店、一九九六)、四〇四頁。
(17) 大久保利通「博物館ノ議」、東京国立博物館編『東京国立博物館百年史』(東京国立博物館、一九七三)、一二八頁。
(18) 高村光雲『光雲回顧談』(萬里閣書房、一九二九)、一八五〜一八七頁。
(19) 「工部美術学校諸規則」、青木茂・酒井忠康編『近代日本思想大系』第一七巻「美術」(岩波書店、一九九九六)、四二九頁。

(20) 青木茂編『フォンタネージと工部美術学校』、『近代の美術』第四六号(至文堂、一九七八)、四六〜七八頁。

(21) トク・ベルツ編(菅沼竜太郎訳)『ベルツの日記(上)』(岩波書店、一九七九)、五六頁。

(22) 小野木重勝「明治宮殿」、「明治宮殿の杉戸絵展」カタログ(博物館明治村、一九九一)、一〇五頁。

(23) 青木茂「解説(一)」、青木茂・酒井忠康編『日本近代思想大系』第一七巻「美術」(岩波書店、一九九六)、四六七頁。

(24)「明治建築座談会(第二回)」、『建築雑誌』第五六六号(一九三三)、五四頁。ジョサイア・コンダー設計の博物館の建設現場に工部大学校の「現場見習生」として勤務した河合清蔵の発言。

(25) 尾埼尚文「松岡壽と工部美術学校」、「松岡壽展」カタログ(神奈川県立近代美術館・岡山県立美術館、一九八九)。

(26) 詳細については拙稿「日本近代美術教育歴史管見——蕃書調書画学局から自由画運動まで」(『季刊 演劇人』二〇〇五年八月号)を参照されたい。

(27) この論が想定している「イメージ」概念は、宮川淳「鏡について」、『宮川淳著作集 I』(美術出版社、一九八二)とジャン＝リュック・ナンシー(西山達也、大道寺玲央訳)『イメージの奥底で』(以文社、二〇〇六)とに多くを負っている。

宮川は、「鏡について」で、こう述べている。「イマージュの問題は、根源的に、ここ、イマージュがあらわす対象の存在ではなく、単純に似ていることにこそありはしなかっただろうか。/再現とはつねになにものかの再現である。いいかえれば、その背後にはつねに実体の自己同一性、この現実の存在があるだろう。というよりも、われわれは実はこの背後に存在すべき対象をしか見てはいない。似ていることもまた、なにかに似ていることであるとしても、しかし、そこであらわれるのは逆に、まさしくこの自己同一性の間隙なのだ。似ていること、それはあるものがそれ自体であると同時に、それ自体からのずれであること、それ以外のところでそれであることであり、あるいはむしろ、この自己同一性の間隙からのある非人称の出現、それをわれわれは似ていることと呼ぶのだろう」、と。また、宮川は、こうも書いている。「今日がすぐれて〈イマージュの時代〉であるとすれば、それは単に視覚的なコミュニケーション手段が極度に発達した時代、そのことからさらに、オリジナルの代りに複製が、現実体験の代りに疑似体験が、要するに対象の代りにその再現としてのイマージュが支配している時代というネガティヴな意味にすぎないのだろうか。そうではなく、おそらくは、より深く、なにかのイマージュがではなく、イマージュそのものが、イマージュがあらわす対象の存在がではなく、イマージュの現前がほとんど存在論的な問いと化しつつある時代で、それはあるのだ」。

　ジャン＝リュック・ナンシーは『イメージの奥底で』で、こう述べている。「イメージが事物の模倣であるとすれば、それは模倣されたものが事物の競合者であるという意味においてである。イメージは事物と張り合うのであって、この張り合いが含意するのは複製というよりもむしろ競合である。我々の関心から言えば、この競合は現前を目指した競合である。すなわち、イメージは事物とその現前を競う。事物は存在することに甘んじるのに対して、イメージは事物が存在するということと、それがどのようにして存在するかを、ともに示す」。そして、こうも述べている。「イメージは、想像（イマジネ）されなければならない。つまりイメージは、たんにそこに置かれただけの事物が呈示することのない力の統一を、自身の不在から抽出しなければならない。想像力（イマジナシオン）とは、何らかの事物をその不在において表象〔再現前化〕する能力ではない。それは不在から現前の形態を引き出す力であり、つまり「自己を現前化する〔呈示する〕」力である」、と。そして、さらにナンシーは表象‐イメージについて、こう述べる。「ひとつの現前へと要約できないものの現前化であり、あるいはまた、叡智的な実在（あるいは形相）を、感性的な実在の形式的媒介によって現前させることである」、と。

　なお、のちに言及することになるイコノクラスムにおける彫刻の処遇にかんしても、ナンシーの同書から学ぶところがあったことを付記しておく。

（28）「工学寮へ外国教師三名傭入伺ニ付副申」、『公文録　工部省之部　明治八年五月』。

(29)「フォンタネージ講義（二）——藤雅三記録」、隈元謙次郎『明治初期来朝伊太利亜美術家の研究』（八潮書店、一九七八）、一四五〜一四六頁。
(30)「ホンタネシイ氏講義」、青木茂編『高橋由一油画史料』（中央公論美術出版、一九八四）、三九四頁。
(31) 註19に同じ。四二九〜四三〇頁。
(32) 植木枝盛「無天雑録　未定稿　壱」、『植木枝盛集』第九巻（岩波書店、一九九一）、八頁。
(33) アーネスト・フェノロサ、大森惟中筆記『美術真説』、青木茂・酒井忠康編『日本近代思想大系』第一七巻「美術」（岩波書店、一九九六）、五三頁。ちなみに、「日本画」という名称が一般的に用いられるようになるのは、この講演を契機のこととしてであったと考えられる。拙著『境界の美術史——「美術」形成史ノート』（ブリュッケ、二〇〇〇）所収「「日本画」概念の形成に関する試論」参照。
(34) 註33に同じ。三九〜四〇頁。
(35) 註33に同じ。五六頁。
(36) 註29に同じ。一四五頁。
(37) 註33に同じ。四五頁。
(38) 註33に同じ。三五頁。
(39) 福沢諭吉『学問のすゝめ　三編』（岩波文庫、一九九七）、二九頁。
(40)『高橋由一油画史料』文書番号三ｰ四、青木茂編『高橋由一油画史料』（中央公論美術出版、一九八四）、二一九頁。
(41) 宮川透『日本精神史への序論』（紀伊國屋書店、一九九一）、一五〜一六頁。
(42) アントニー・D・スミス（巣山靖司、高城和義訳）『ネイションとエスニシティ』（名古屋大学出版会、二〇〇七）、一〇九頁。
(43) 註42に同じ。二二頁。
(44) 註42に同じ。一八〇頁。

(45) フェノロサ「鑑画会フェノロサ氏演説筆記」、山口静一編『フェノロサ美術論集』(中央公論美術出版、一九八八)、一三三頁。
(46) 註41に同じ。一六頁。
(47) ブルンチュリ(訳者不明)「族民的の建国並びに族民主義」、田中彰・宮地正人編『日本近代思想大系』第一三巻「歴史認識」(岩波書店、一九九一)、四三一～四四一頁。
(48) 佐藤道信「朦朧体論」、『国華』第一二三四号(一九九八)。
(49) 外山正一「絵画の未来」、青木茂・酒井忠康編『日本近代思想大系』第一七巻「美術」(岩波書店、一九九六)、一三一頁。
(50) 「高橋由一履歴」、青木茂・酒井忠康編『日本近代思想大系』第一七巻「美術」(岩波書店、一九九六)、一七一頁。
(51) 藤岡作太郎『近世絵画史』、『日本芸術名著選』第一巻(ぺりかん社、一九八三)、二六〇頁。
(52) 鈴木淳『明治の機械工業』、『MINERVA 日本史ライブラリー』第三巻(ミネルヴァ書房、一九九六)、三五三頁。
(53) 山本五郎「美術ト工業トノ区別」、『日本美術協会報告』第二一号(一八八九)、一九～二〇頁。
(54) 岡倉天心「『国華』発刊ノ辞」、『岡倉天心全集』第三巻(平凡社、一九七九)、四二頁。
(55) 註54に同じ。
(56) 「第三回内国勧業博覧会規則」第一〇条、『第三回内国勧業博覧会事務報告』(第三回内国勧業博覧会事務局、一八九一)、一八頁。
(57) 「明治十年内国勧業博覧会区分目録」、青木茂・酒井忠康編『日本近代思想大系』第一七巻「美術」(岩波書店、一九九六)、四〇五～四〇六頁。
(58) 伊東忠太「「アーキテクチユール」の本義を論じて其訳字を撰定し我が造家学会の改名を望む」、『建築雑誌』第九〇号(一八九四)、一九五頁。

(59) 伊東忠太「建築と美術の関係」、『建築雑誌』第七五号（一八九三）、八〇頁。
(60) 註59に同じ。八七頁。
(61) 岡倉天心「第三回内国勧業博覧会審査報告」、『岡倉天心全集』第三巻（平凡社、一九七九）、八七〜八八頁。
(62) 「工芸品共進会出品人心得」第四項、『東京府工芸品共進会報告』（東京府、一八八八）、一六頁。
(63) 村山徳淳「工芸志料序」、黒川真頼ほか編述『工芸志料』（博物局、一八七八）、三頁。
(64) 黒川真頼「工芸鏡序」、横井時冬『工芸鏡　上』（六合館、一九二七）、一頁。
(65) マックス・ホルクハイマー／テオドール・W・アドルノ（徳永恂訳）『啓蒙の弁証法』（岩波書店、一九九四）、三頁。
(66) 註65に同じ。九頁。松宮秀治「明治前期の博物館政策」（西川長夫・松宮秀治編『幕末明治期の国民国家形成と文化変容』〈新曜社、一九九五〉所収）が、この逆説によって日本近代における博物館史を論じている。拙論は、これに倣ったものではないが、同趣の理論的意匠の先行例として、ここにしるし留めておくことにする。

第Ⅲ章　工芸とアヴァンギャルド――日本社会における造型のミーム

(1) 『ウィキペディア』の「ミーム」の項目による。
(2) 矢代幸雄『日本美術の特質』（岩波書店、一九四八）、一一六〜一一七頁。
(3) 註2に同じ。三二三頁。
(4) 鼓常良『日本芸術様式の研究』（章華社、一九三六）、七三頁。
(5) 矢代幸雄『日本美術の特質』（岩波書店、一九六五）、二七六頁。
(6) 『構成派研究』（中央美術社、一九二六）、三九〜四〇頁。
(7) 註6に同じ。四〇頁。
(8) 村山知義「太子展の工芸部」、『アトリヱ』第三巻第六号（一九二六）、四八〜四九頁。

(9) 註8に同じ。四九〜五〇頁。
(10) 註8に同じ。四九頁。
(11) 註8に同じ。五一頁。村山は、「理想展」と称しているが、これが「理想大展覧会」を指すのはいうまでもない。村山は、横井弘三の「理想大展覧会」をジャーナリズムが無視したとして悲憤慷慨しているが、村山の展評が雑誌掲載されるまえ、すなわち同年二月の『みづゑ』が、同展の規則を含む、横井のアピールを掲載している。
(12) 「理想大展覧会」については、滝沢恭司の「横井弘三の理想大展覧会について」（東京文化財研究所編『大正期美術展覧会の研究』〈東京文化財研究所、二〇〇五〉所収）に多くを学んだ。
(13) 『みづゑ』第二五二号（一九二六）、一〇〇頁。
(14) 横井弘三「大花火を打ち上げろ」、『MAVO』第六号（一九二五）、一二頁。
(15) 横井弘三「美術革命の歌」（『油絵の手ほどき』〈博文館、一九二八〉）、三六八頁。
(16) 横井弘三『油絵の手ほどき』（博文館、一九二八〈一九二六初版〉）、三七六〜三七七頁。
(17) この経緯については斉藤泰嘉「東京府美術館史の研究」（筑波大学提出博士論文、二〇〇三）を参照。
(18) 松田権六、楠部彌弌「〈対談〉帝展美術工芸部創設のころ」（日展史編纂委員会編『日展史』第八巻「帝展編　二」〈日展、一九八二〉）、六〇六頁。
(19) 「帝展年表　2」（日展史編纂委員会編『日展史』第七巻「帝展編　二」〈日展、一九八二〉）、六六七頁。
(20) 正木直彦『十三松堂日記』第一巻（中央公論美術出版、一九六五）、三九一頁。
(21) 今村仁司『排除の構造——力の一般経済学序説』（ちくま学芸文庫、一九九五）、八八〜八九頁。
(22) 註21に同じ。二五頁。
(23) ルネ・ジラール（古田幸男訳）『暴力と聖なるもの』（法政大学出版局、一九八二）、二二三頁。
(24) 註23に同じ。一八頁。
(25) 註23に同じ。一九頁。

（26）「1920年代日本展」、東京都美術館、一九八八年四月九日―六月五日。

（27）「現代美術の動向Ⅱ　1960年代――多様化への出発」、東京都美術館、一九八三年一〇月二二日―一二月一八日。

エピローグ

（1）ガヤトリ・C・スピヴァク（鈴木英明訳）『ナショナリズムと想像力』（青土社、二〇一一）、五一頁。

（2）註1に同じ。五三頁。ただし、原書 *"Nationalism and the Imagination"*, Segull Book, 2010によって部分的に改訳した。文中の「諸言語」は、原書ではlanguage(s)であるが、ここでは「工芸」ジャンルの複数性に鑑みて、このような訳を当てた。鈴木訳では、正確に「（複数の）言語」となっている。

後記

本書は、「工芸」をめぐって書いた幾つかのテキストの合成と補足によって成り立っている。すなわち、プロローグと第I章は「「工芸」概念の成り立ち」(『境界の美術史――「美術」形成史ノート』〈ブリュッケ、二〇〇〇〉所収)、第II章は「工業・ナショナリズム・美術――「美術」概念形成史素描」(『東京大学創立百二十周年記念東京大学展　学問の過去・現在・未来』カタログ第一部「学問のアルケオロジー」〈東京大学総合研究博物館、一九九七〉所収)、また、第III章は「美術館とアヴァンギャルド――制度史的観点による仮説的エスキス」(「東京府美術館の時代　1926―1970」展カタログ〈東京都現代美術館、二〇〇五〉所収)がもとになっている。それらに完膚なきまでに添削をおこない、構成を変更することによって本書は成った。

ただし、ウィーン万国博の美術部門の分類細目と初期の内国博の分類の関係や、第三回内国博の美術部門の分類に一八八九年(明治二二)のパリ万国博の分類が影響を与えた可能性など、あたらしい知見を盛り込むこともできた。

いってみれば複合的な書物であるわけだが、こうした書物を上梓するのは初めての経験である。ぼくは、すでに発表したテキストをつぎはぎしてテキストを仕立て上げるのは恥ずかしいことだと思っているし、同一主題のテキストを書く場合にも、思考と状況の相関性を重んずるがゆえに――過去の思考に繋縛されて状況とのかかわりを見あやまらないために――それ以前のテキストを読み返すことさえ稀である。

今回、その慣習を破ったのは、本書が、もともと論文集として構想されたものでありながら、それを、書き下ろしのような一貫性のある書物にするべく途中で方向転換をおこなったためである。方向転換をおこなったのは、これを以て、ぼくの工芸論の決定版にしたいという野心が頭をもたげてきたからだ。

状況に応ずるための思考転換は、たとえそれが矛盾をはらむものであったとしても、初志貫徹のためにこそ必要であると考えるが、一冊の書籍となると、はなしが違ってくる。評論集ではなく、首尾一貫性を求められる一冊の書物のなかで、矛盾や不整合は、とうぜん避けられてしかるべきだ。そこで、本書では、可能なかぎり整合性をもたせるべく、テキストを改変しつつ、複数のテキストを関係づける作業を行った。

こうした作業にもかかわらず、本書の論述やパラフレーズに整合性や一貫性を欠く部分があるとすれば、それは、歴史叙述の対象に固有のアナクロニズムに由来するものであり、また、そのことに対応する方法的アナクロニズムの為せるところであるとご理解いただきたい。これは、書物としての一貫性や整合性に配慮することとは次元が異なる事柄なのだ。次に引くのは、ジョルジュ・ディディ゠ユベルマンが、あのすばらしい『ヴィーナスを開く』のなかにしるしたことばである。

美術史の対象とは、記述対象となる時代の一貫性では断じてなく、まさにその「力性」なのであって、そこでは、あらゆる方向への運動、張力、決定要因が織りなすリゾーム、作動するアナクロニズム、和らげようのない矛盾といったものが前提となっている。（宮下志朗、森元庸介訳）

ここにいう「美術史の対象」には、ジャンルや制度もふくまれると、ぼくは考えている。ともあれ、こうした企ては、初めてのことだったので、試行錯誤に手間取って、まとめあげるのに思いのほか時間と労力を必要とした。そのため、担当編集者の山﨑啓子さんに、ずいぶんとご迷惑をかけてしまった。むかしなじみである社主の荒井秀夫氏にも迷惑をかけた。ぼくに、このような機会を与えてくださったお二人に感謝しつつ、同時に、お詫びももうしあげなければならない。

西暦二〇一三年三月一七日　みどり一色のダブリンに想いを馳せながら

北澤憲昭

図14　村山知義『構成派研究』表紙　中央美術社　1926年
出典：『大正期新興美術資料集成』　国書刊行会　2006年

図15-1　理想大展覧会展示風景　『美之国』第１巻第６号　1926年６月
出典：『大正期新興美術資料集成』　国書刊行会　2006年

図15-2　「理想大展覧会目録」表紙　1926年５月
出典：『大正期新興美術資料集成』　国書刊行会　2006年

図16　解体工事中の東京都美術館旧館　前川國男建築設計事務所
出典：『記憶と再生　東京都美術館80周年記念誌』　東京都美術館　2007年

図17　東京都現代美術館

図９　横山大観《屈原》 1898年　厳島神社

図10　原田直次郎《騎龍観音》 1890年　重要文化財　東京国立近代美術館（護国寺寄託）

第Ⅲ章

図11　東京都美術館正面玄関　岡田信一郎設計
出典：『記憶と再生　東京都美術館80周年記念誌』 東京都美術館　2007年

図12-1　村山知義《美しき少女達に捧ぐ》 1923年頃　神奈川県立近代美術館寄託
出典：『大正期新興美術資料集成』 国書刊行会　2006年

図12-2　『マヴォ』第１号表紙　1924年７月
出典：『大正期新興美術資料集成』 国書刊行会　2006年

図12-3　住谷磐根、岡田龍夫、高見沢路直《踊り》『マヴォ』第３号　1924年９月
出典：『大正期新興美術資料集成』 国書刊行会　2006年

図12-4　マヴォ、NNK 合作《切符売場・売店》 1925年
出典：『大正期新興美術資料集成』 国書刊行会　2006年

図13　「劇場の三科」チラシ　1925年
出典：『大正期新興美術資料集成』 国書刊行会　2006年

図3-2　「(普国) 同サンスーチ宮之大跳水フレデルヒ之石像」
出典：『特命全権大使米欧回覧実記』第60巻　久米邦武編著（田中彰校註　岩波文庫第３巻　1978年）

図４　大熊氏広《大村益次郎像》 1893年　靖国神社
原本：『偉人之俤』二六新報社　1928年（初版）
出典：復刻版（『近代日本のモニュメント　1　偉人の俤』北澤憲昭総監修　ゆまに書房　2009年）

第Ⅱ章

図５　高橋由一「螺旋展観閣略図稿」
出典：北澤憲昭『定本　眼の神殿―「美術」受容史ノート』ブリュッケ　2010年

図６　高橋源吉「文久年間高橋由一油絵に使用せし用具の図」
出典：『日本』1894年８月10日

図７　アントニオ・フォンタネージ《神女図（壁画々稿)》1976-78年　千葉県立美術館

図８　アントニオ・フォンタネージ《テムズ河にて》 1866年　S.サンドリ・コレクション　トリノ　イタリア
Antonio Fontanesi, Sul Tamigi (1886). Coll. S. Sandri, Torino, Italy.
出典：『フォンタネージ、ラグーザと明治前期の美術』展カタログ　東京国立近代美術館　1977年

図版リスト

第Ⅰ章

図１　「澳国博覧会場本館表門之図」
出典：『澳国博覧会賛同紀要』　田中芳男、平山成信編　森山春雍　1897年

図2-1　「大日本帝国東京内国勧業博覧会場全図」　1877年
原本：国立公文書館
画像：国文学研究資料館

図2-2　橋本周延《内国勧業博覧会開場御式の図》　1877年
画像：国立国会図書館ホームページ（デジタル化資料）より転載

図2-3　明治十年内国勧業博覧会　美術館外観
出典：松崎晋二『明治十年内国勧業博覧会列品写真帖』1877年　尼崎市教育委員会

図2-4　明治十年内国勧業博覧会　美術館展示風景
出典：松崎晋二『明治十年内国勧業博覧会列品写真帖』1877年　尼崎市教育委員会

図3-1　「伯林リンデン大通りフレデルヒ彫像」
出典：『特命全権大使米欧回覧実記』第57巻　久米邦武編著（田中彰校註　岩波文庫第３巻　1978年）

著者紹介

北澤憲昭（きたざわ・のりあき）

1951年、東京都生まれ。美術評論家、美術史家、女子美術大学教授。主な著書に、『岸田劉生と大正アヴァンギャルド』（岩波書店、1993）、『境界の美術史——「美術」形成史ノート』（ブリュッケ、2000）、『「日本画」の転位』（ブリュッケ、2003）、『アヴァンギャルド以後の工芸——「工芸的なるもの」をもとめて』（美学出版、2003）、『定本　眼の神殿——「美術」受容史ノート』（ブリュッケ、2010）、『反覆する岡本太郎——あるいは「絵画のテロル」』（水声社、2012）など。美学会、表象文化論学会、美術評論家連盟所属。

ゆまに学芸選書
ULULA
9

美術（びじゅつ）のポリティクス——「工芸（こうげい）」の成（な）り立（た）ちを焦点（しょうてん）として

2013年7月25日　第1版第1刷発行

［著者］　北澤憲昭

［発行者］　荒井秀夫
［発行所］　株式会社ゆまに書房
〒101-0047　東京都千代田区内神田2-7-6
tel. 03-5296-0491 / fax. 03-5296-0493
http://www.yumani.co.jp
［組版・印刷・製本］　新灯印刷株式会社

　ISBN978-4-8433-4170-4 C1370

……〝書物の森〟に迷い込んでから数え切れないほどの月日が経った。〝ユマニスム〟という一寸法師の脇差にも満たないような短剣を携えてはみたものの、数多の困難と岐路に遭遇した。その間、あるときは夜行性の鋭い目で暗い森の中の足元を照らし、あるときは聖母マリアのような慈愛の目で迷いから解放し、またあるときは高い木立から小動物を射止める正確な判断力で前進する勇気を与えてくれた、守護神「ULULA」に深い敬愛の念と感謝の気持ちを込めて……

2009年7月

株式会社ゆまに書房